JN277777

住空間の早描きプレゼンテーション

インテリア・スケッチSuperトーク

長谷川矩祥

INTERIOR SKETCH SUPER TALK

グラフィック社

前書き

「インテリア・スケッチ Super トーク」のポイントは2つあります。ひとつは「わかりやすさ」です。「わかりやすさ」は「うまさ」より優先します。下手でもわかればいいのです。言い方を変えれば、うまくてもわからなかったら（相手に伝わらなかったら）何の価値もありません。もうひとつは「はやさ」です。「はやさ」というと「スピード（速さ）」というイメージがありますが、ここではむしろ「早さ」のほうが、重要です。いかに時間をかけずに早く仕上げるかを重視します。できるだけムダをはぶいて、線を省略気味に描いた方が手を「速く」動かすよりも、スケッチの仕上がり時間が短くてすみ、早く描き上がります。

第1章では家具や設備、照明など、スケッチ表現のバリエーションを紹介。インテリアの中に出てくるいろいろなモノのいろいろな描き方を見て感じてもらい、空間のスケッチを学ぶ前にこの本の雰囲気をつかみ取ってもらうための導入の章です。

第2章ではスケッチを描く基礎となる画材の使い方について、鉛筆からはじまり修正液に至るまで画材の表現方法とその効果などを解説していきます。特定の画材を限定しないのは、学ぶ方の画材の選択肢を増やすこともありますが、提案現場でそれぞれのケースに一番適した画材を使えるように各画材の特徴をいかし組み合わせながらスケッチしていく、自由な方法でスケッチを学べるものにしたかったからです。この章のポイントは各画材の特徴を知り身につけることです。

第3章では「早描きスケッチ」について解説していきます。建て主と会話しながら打ち合わせをすすめる中で、今相手が求めていることを読みとって、出来るだけスピーディに話をしながらスケッチしていきます。特に打ち合わせの初期段階では「早さ」が要求されます。ここでは基礎的な家具や設備の描き方を紹介しました。この章のポイントは提案側のペースで描くスケッチ手法です。

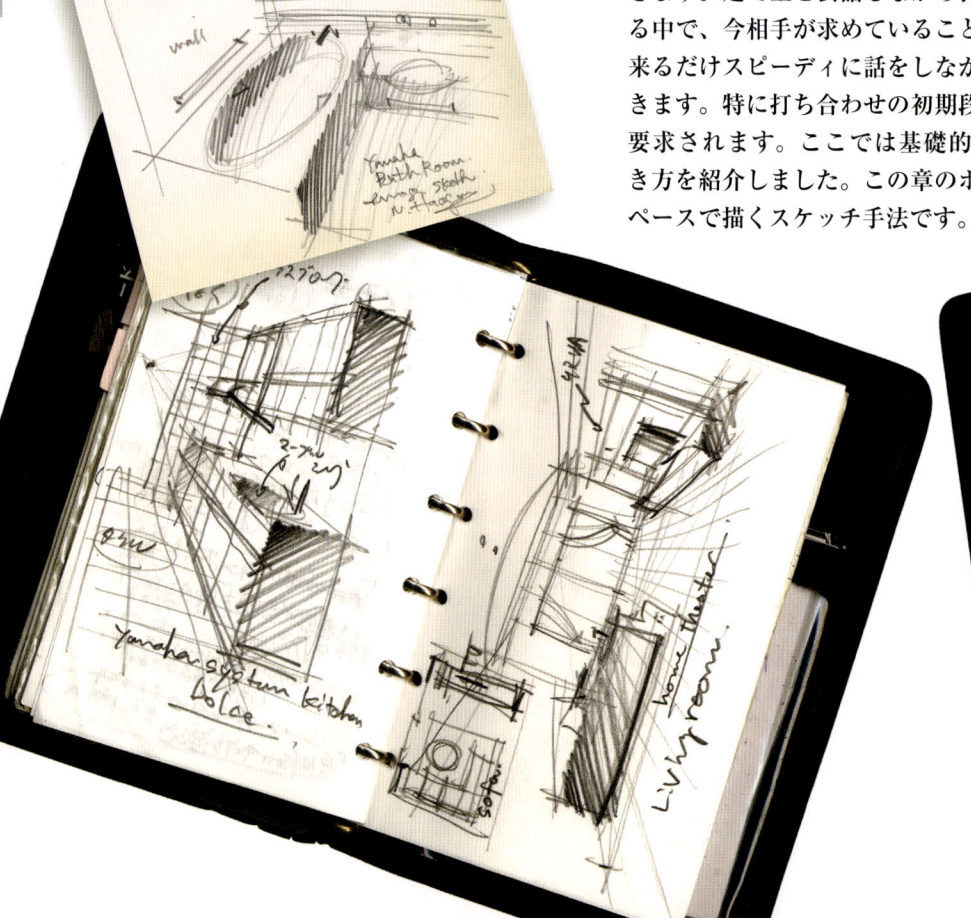

第4章の「コミュニケーション・スケッチ」では建て主に確認したり、建て主を安心させたり、建て主と会話をはずませたりしたいとき、そして場の空気を読み、流れを作っていくときに有効な「コミュニケーション・スケッチ」について解説します。ここでは簡易1消点透視図法など提案現場に即したテクニックを紹介しました。この章のポイントは建て主側のペースで描くスケッチ手法です。

第5章では、次第に出来上りのイメージが湧いてきたら、そのイメージを建て主と共有するためのプレゼンテーションにも十分使える「イメージ・スケッチ」について解説。この章のポイントはスケッチの完成度です。

第6章では手描きの味をいかしながら鉛筆をマウスやペンタブレットに持ち替え紙をパソコン画面に置き換え描いていく「パソコン・スケッチ」について解説していきます。この章のポイントはパソコンをひとつの画材として認識し使いこなす手法です。

各々の状況の中でいろいろなスケッチメニュー（第1章から第6章まで）の中からふさわしいものを選んでビジュアルトーク（目に見える会話）ができれば、今までとはまったく違った打ち合わせやプレゼンが出来るようになります。

大切なのはいかに自分で描く機会を作っていくか、描く癖を作っていくかです。「私、絵が苦手なんです」「子供の頃から絵が下手でね」などよく耳にします。絵が下手な人、絵が苦手な人はあまり絵を描いていない人です。よく「下手だから描かない」「描いても上手にならない」などといいますが、実状はその人自身が絵をほとんど描いていないか、描く回数が少ないといえます。描かないから下手なままなので、描いていけば必ず上達していきます。スケッチブックがなくても簡単なメモ用紙や手帳など紙と鉛筆さえあればいつでもどこでも練習できプレゼンテーションできます。

Contents

前書き 2

第1章 スケッチ表現 ア・ラ・カルト 11

住空間はいろいろなモノによって構成されています。そして、置かれたモノによって空間に意味が出てきます。この章では椅子から照明まで、色々なモノを通じて、スケッチのテクニックと画材のバリエーションを紹介します。

- 椅子を描く 12
- テーブルを描く 14
- ソファを描く 16
- 収納を描く 18
- ベッドを描く 20
- カーテンを描く 22
- キッチンを描く 24
- 洗面化粧台を描く 26
- バスルームを描く 28
- 階段を描く 30
- 照明を描く 32

第2章　画材による描き方の基礎　　35

　各々の画材には、各々の特徴があります。線描きなどのメモに適した紙巻き鉛筆、着彩するときにスピードと雰囲気を重視したパステル、スピーディーで軽快な仕上り感のあるマーカー。手軽でさわやかな味の色鉛筆。木漏れ日や映り込み、照明効果になくてはならない練り消しゴム。明るく輝く部分などのアクセント的な表現に最適な修正液など「はやく」描き上げるための基本となるテクニックを解説ました。

- 紙巻き鉛筆での描き方　　36
- 色鉛筆での描き方　　38
- パステルでの描き方　　40
- マーカーでの描き方　　42
- 練り消しゴムの使い方　　44
- 修正液の使い方　　46

第3章　早描きスケッチ　　47

　スケッチのポイントはいかに「はやく」「わかりやすく」描くかです。ここでいう「はやく」は「速く」というよりも「早く」の意味を重視します。この章では、手を「速く」動かすことよりも「早く」描き上げるための実戦例を載せました。いかに描く要素を省くかを修得してください。これをマスターすれば、このあとの各々なテーマの対応が楽になります。

- 「早く描く」ポイント　　48
- グラデーションの表現　　50

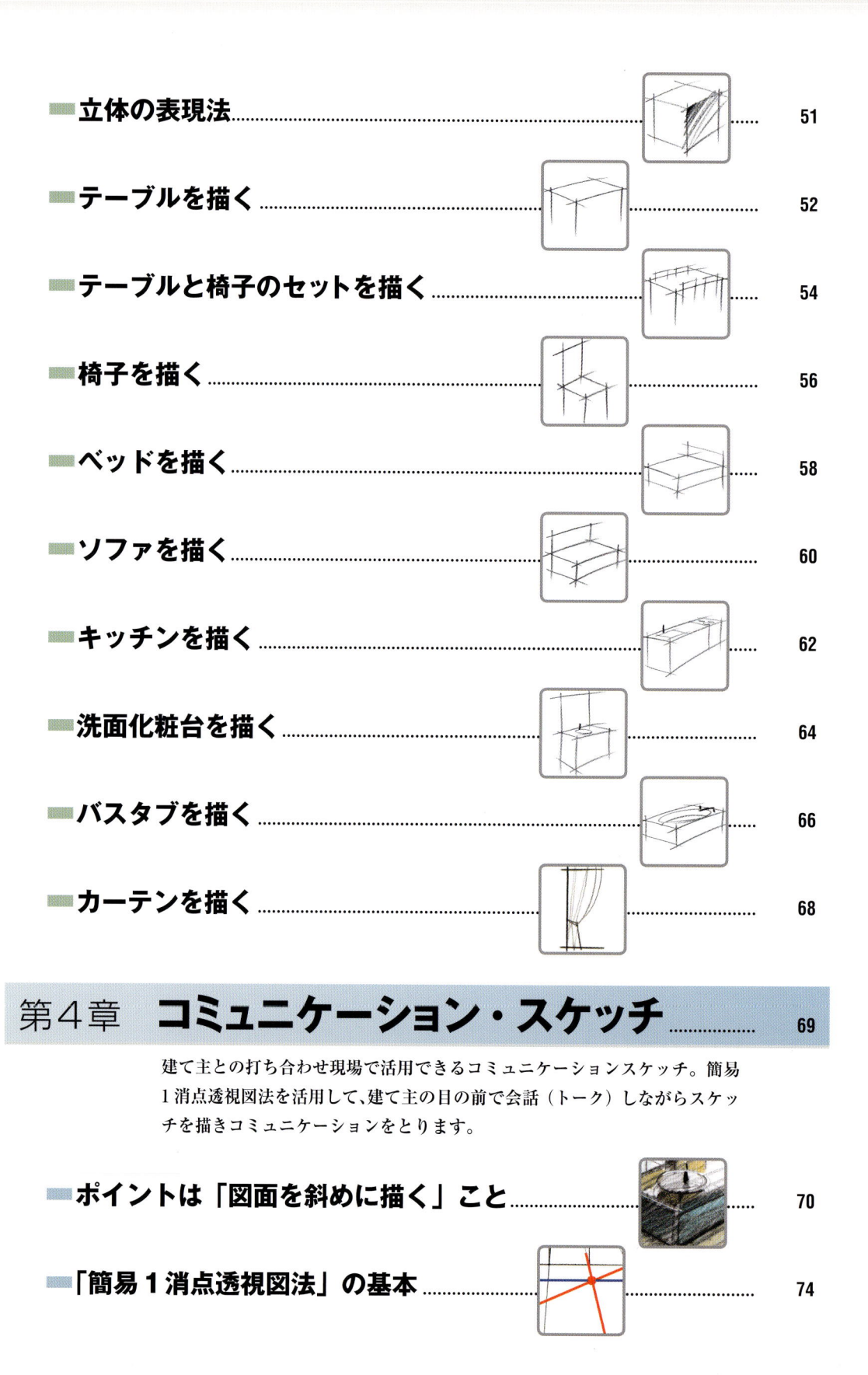

- 立体の表現法 ... 51
- テーブルを描く ... 52
- テーブルと椅子のセットを描く ... 54
- 椅子を描く ... 56
- ベッドを描く ... 58
- ソファを描く ... 60
- キッチンを描く ... 62
- 洗面化粧台を描く ... 64
- バスタブを描く ... 66
- カーテンを描く ... 68

第4章　コミュニケーション・スケッチ ... 69

建て主との打ち合わせ現場で活用できるコミュニケーションスケッチ。簡易1消点透視図法を活用して、建て主の目の前で会話（トーク）しながらスケッチを描きコミュニケーションをとります。

- ポイントは「図面を斜めに描く」こと ... 70
- 「簡易1消点透視図法」の基本 ... 74

- ■ トライ！ リビングを描く ……………………………………………… 76
- ■ トライ！ キッチン＆ダイニングを描く …………………………… 77
- ■ トライ！ ベッドルームを描く ………………………………………… 78
- ■ 描くときは視点の取り方が重要 ……………………………………… 79
- ■ 実戦！ リビングを描く ………………………………………………… 80
- ■ 実戦！ L型キッチンを描く …………………………………………… 88
- ■ 実戦！ 簡易2消点透視図法でベッドルームを描く ……………… 94
- ■ 実戦！ 比較的広い空間のLDKを描く ……………………………… 102

第5章 イメージ・スケッチ …………………………………………… 111

建て主とのイメージを共有しプレゼンテーションにもつかえる「イメージスケッチ」を解説。この章ではスケッチのスピードも大事な要素ですがむしろスケッチの完成度を重視し、前章の「コミュニケーション・スケッチ」が打ち合わせ初期の段階で描いていくのに対して、「イメージ・スケッチ」は建て主との打ち合わせの中盤から最終段階に有効なスケッチといえます。

- ■ 人物を描く ……………………………………………………………… 112
- ■ 花、観葉植物を描く …………………………………………………… 114
- ■ 屋外の樹木を描く ……………………………………………………… 116

- オープンキッチン＆LD空間を描く 118
- 花のある白いキッチンを描く 124
- 臙脂色のキッチン空間を描く 128
- 螺旋階段のあるキッチンを描く 134
- 青いソファのある広々とした空間を描く 136
- バスルームとデッキチェアを描く 138
- オープンカフェを描く 140
- 吹き抜けのあるレストランを描く 141
- 赤いオープンキッチンを描く 142
- ガラスブロックのあるダイニングを描く 143
- 白いベッドルームを描く 144
- 桜が見える玄関を描く 145
- 電気スタンドのある空間を描く 146
- 黒い座卓のある空間を描く 147

■ プールサイドのレストランを描く 148

第6章　パソコン活用法 149

この章ではパソコンを使ってスケッチを描くテクニックを解説していきます。スケッチブックをノートパソコンに持ち替え、筆や鉛筆をペンタブレットに持ち替えて描くスケッチテクニックです。スケッチブックなどに描く従来のスケッチと比較すると多少慣れは必要ですが慣れればほとんど変わらずに描くことが出来ます。習得すれば大きなモニターに映し出して検討することも出来ますし、描いたスケッチをプリントアウトすることも容易です。

■ ペンタブレットは万能筆記具！ 150

■ パソコンで描くDKの基本形 152

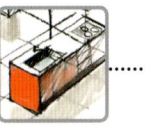

■ 実戦！パソコンで描くDK 154

🎞 早描きアニメ90秒―テーブル編 .... 57 ▶ 159
🎞 早描きアニメ20秒―リビング編 .... 160 ▶ 116
🎞 早描きアニメ90秒―ベッド編 .... 112 ▶ 56

あとがき 158

著者紹介 159

製作協力
ヤマギワ株式会社
株式会社ワコム
ヤマハリビングテック株式会社

谷本健治
菅井啓子
唐木定義
安田みどり

第1章
スケッチ表現 ア・ラ・カルト

空間はいろいろなモノによって構成されています。そして、その配置されたモノによって空間に意味が出てきます。この章では、空間の中にある色々なモノを通じて、スケッチのテクニックと画材による表現のバリエーションを紹介します。

椅子を描く

椅子ほどデザインのバリエーションが豊かな家具はありません。椅子によって住まい手の趣味やセンスが想像できます。初期段階の打ち合わせではあまり椅子のデザインにこだわらずに単純に省略したスケッチを描くと良いでしょう。

最も基本的な椅子の表現

ボールペンとマーカー（コピック）使用

ボールペンで描いた椅子

筆ペン使用

椅子の正面の基本

第1章 スケッチ表現 ア・ラ・カルト

マーカー（コピック）使用

マーカー（コピック）使用

筆ペン使用

紙巻き鉛筆（ダーマトグラフ）使用

パステル使用

色鉛筆使用

13

テーブルを描く

テーブル単体で空間に収まることはあまりありません。ほとんどの場合椅子との組み合わせになります。まずはテーブル単体で練習し慣れてきたら椅子と組み合わせて描くといいでしょう。多少バランスをとるのが難しいと思いますが根気よく練習してください。またテーブルの上に食べ物などを描くとイメージがさらにわいてきます。

色鉛筆使用

色鉛筆使用

pop-up table

classic table
マーカー（コピック）使用

テーブルの基本

テーブルの基本

マーカー（コピック）使用

パソコン（ペンタブレット）使用

パステル使用

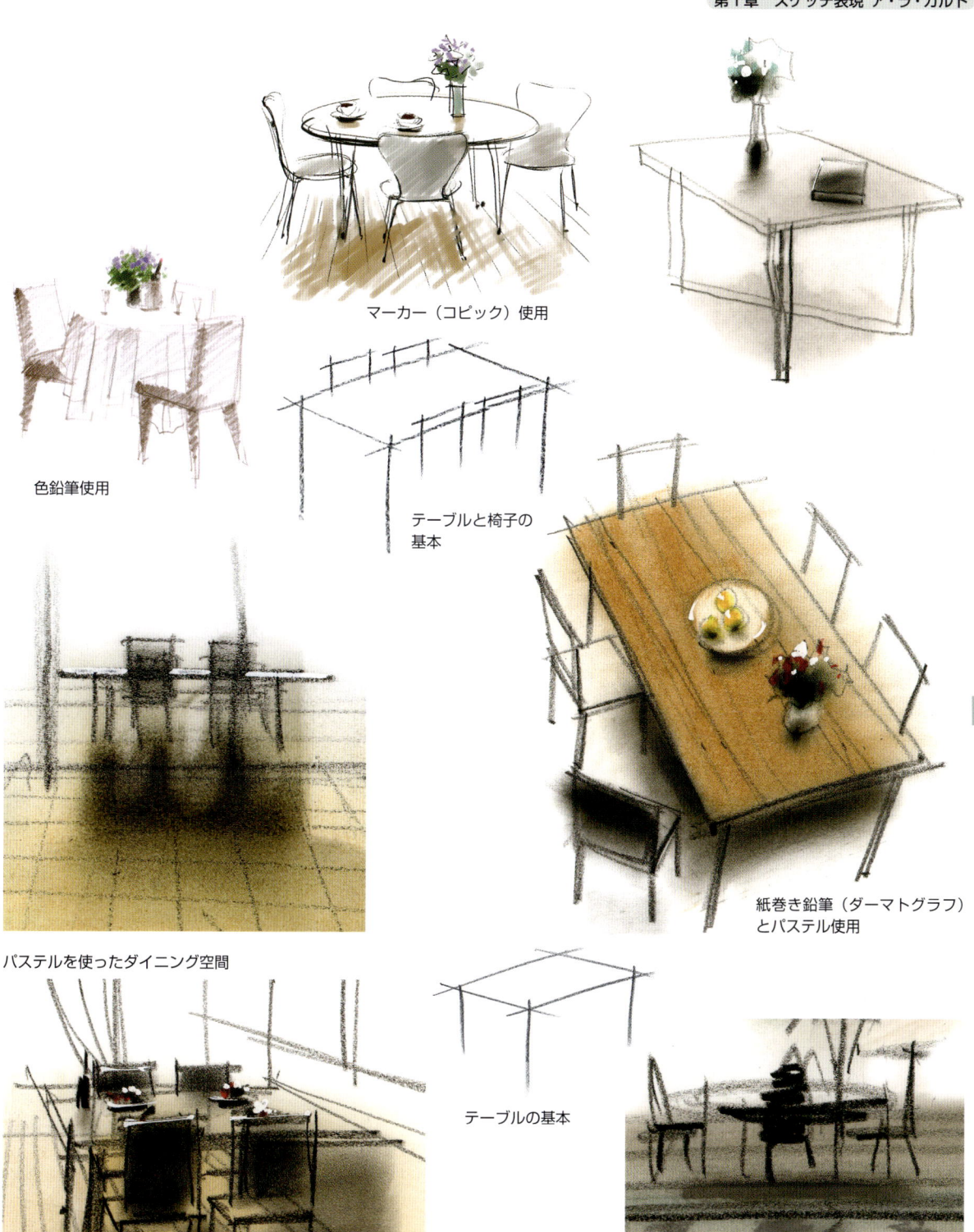

第1章 スケッチ表現 ア・ラ・カルト

マーカー（コピック）使用

色鉛筆使用

テーブルと椅子の基本

紙巻き鉛筆（ダーマトグラフ）とパステル使用

パステルを使ったダイニング空間

テーブルの基本

ソファを描く

ソファは部屋の中にフリーに配置した場合の表現やクッションの柔らかな表現など比較的難しいとされていて、苦手意識を持っている人が多いようです。リビング空間ではソファを描くことによって空間の中心ができ、また包み込むようなフォルムが人のぬくもりやあたたかさを伝えられます。少し大きめの椅子を描くというよりも、座面の少し小さいベッドを描く感じでソファを描くといいでしょう。ソファの簡単なスケッチから少し凝ったスケッチまで紹介しました。

筆ペン使用

色鉛筆使用

ソファセットの基本

色鉛筆使用

ソファの基本

パステル使用

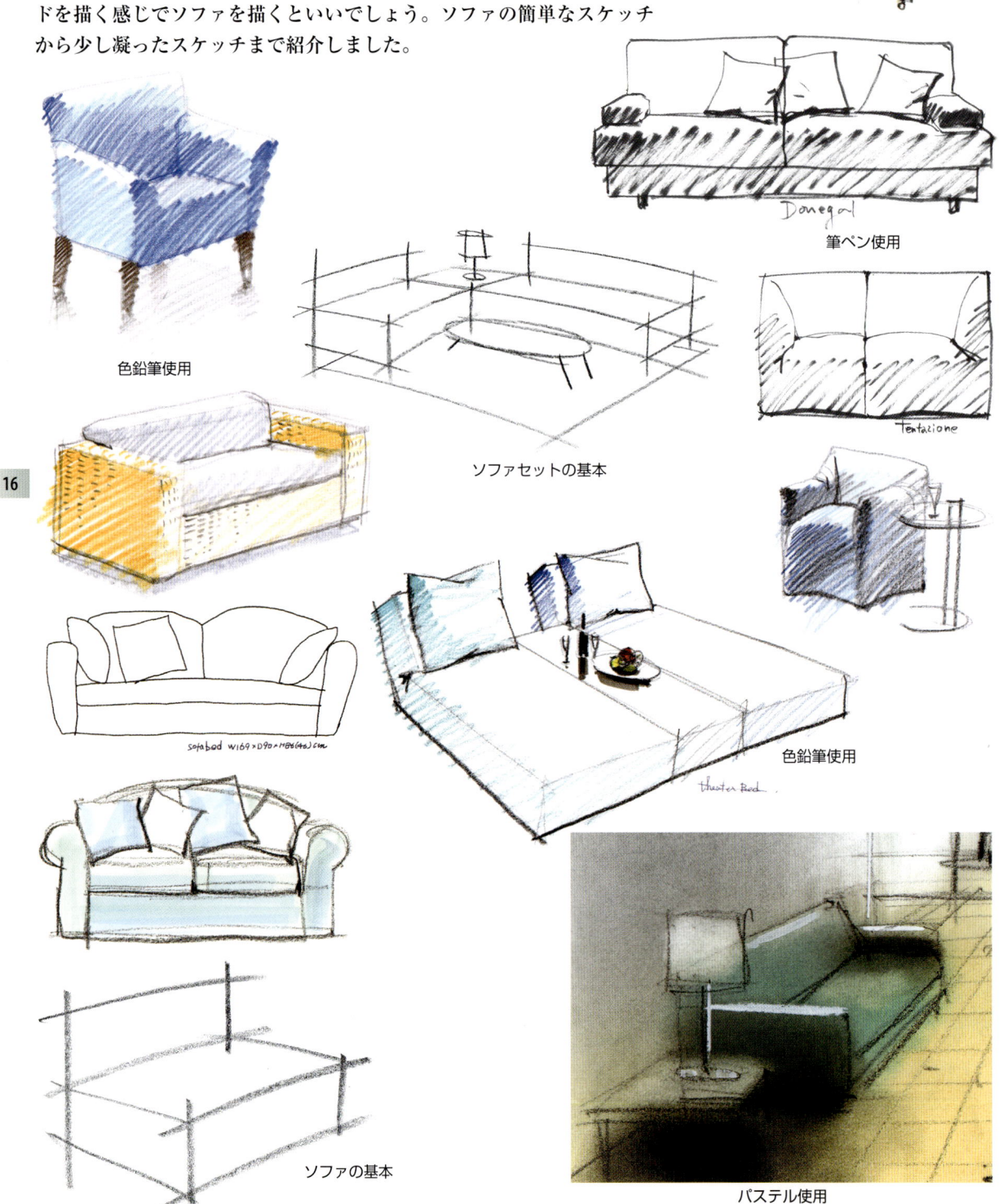

第1章 スケッチ表現 ア・ラ・カルト

パソコン（ペンタブレット）使用

色鉛筆使用

マーカー（コピック）使用

色鉛筆使用

色鉛筆使用

パソコン（ペンタブレット）使用

収納を描く

収納といっても中のモノを隠す収納から中に入っているモノを見せる収納まで様々です。寝室に置くモノ、ダイニングに置くモノ、リビングに置くモノそれぞれの機能にあわせデザインもいろいろです。基本は箱ですので比較的簡単に形を描くことが出来ます。クラシックな家具からモダンな家具まで描けるようになるといいでしょう。

マーカー（コピック）使用

色鉛筆使用

パソコン（ペンタブレット）使用

色鉛筆使用

収納の基本

第1章 スケッチ表現 ア・ラ・カルト

パステル使用

色鉛筆使用

マーカー（コピック）使用

パソコン（ペンタブレット）使用

収納の基本

パステル使用

ベッドを描く

基本形は寝る所とヘッドボードで構成したシンプルなスケッチ。線のみで描くメモ描き程度のスケッチはこれで十分です。着彩をほどこしたスケッチになるといかに寝心地が良いかを表現するかがポイントになります。特にパステルで描く場合は柔らかな表現テクニックが必要になります。

マーカー（コピック）とパステル使用

パステル使用

ベッドの基本

パステル使用

第1章 スケッチ表現 ア・ラ・カルト

ベッドの基本。紙巻き鉛筆（ダーマトグラフ）使用

マーカー（コピック）使用

ベッドの基本

パソコン（ペンタブレット）使用

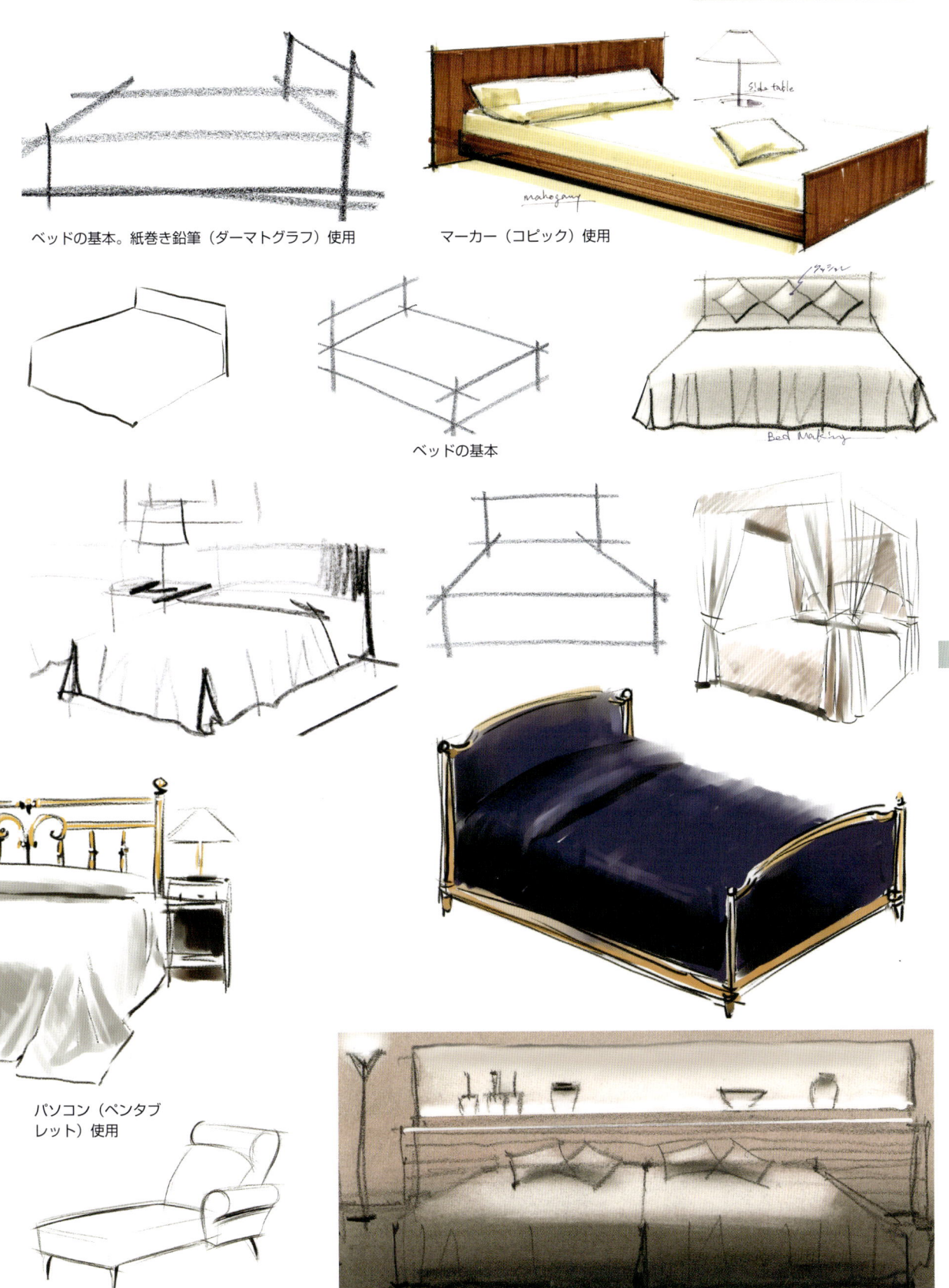

ソファベッド。紙巻き鉛筆（ダーマトグラフ）使用

パステル使用

カーテンを描く

カーテンを表現することによって住まい手の暮らしに対するこだわりが見えてきます。カーテンとひと口に言ってもデザインの様式もいろいろあり奥が大変深いアイテムです。ここではその中から比較的よく使うカーテンを選びました。あっさりと表現するモノから多少リアルに凝って描くモノまで紹介します。

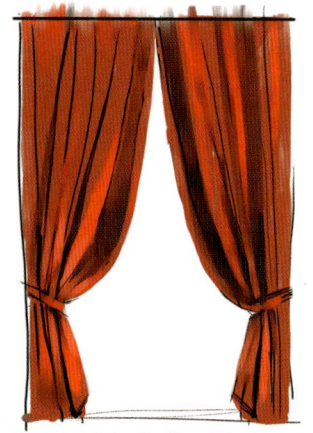

パソコン（ペンタブレット）使用

パソコン（ペンタブレット）使用

ボールペンで下描きマーカー（コピック）で着彩

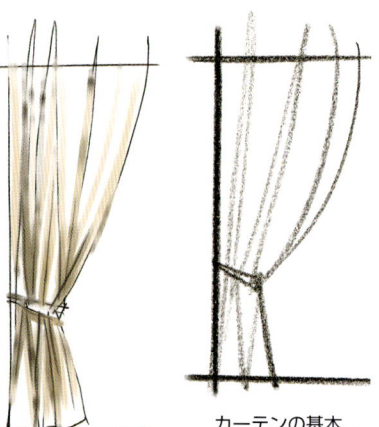

カーテンの基本

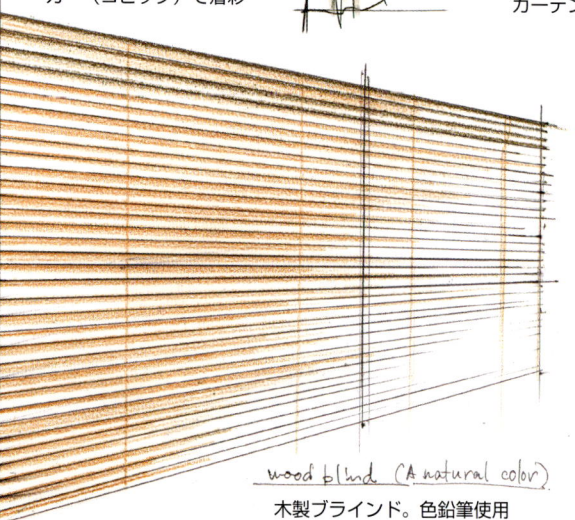

木製ブラインド。色鉛筆使用

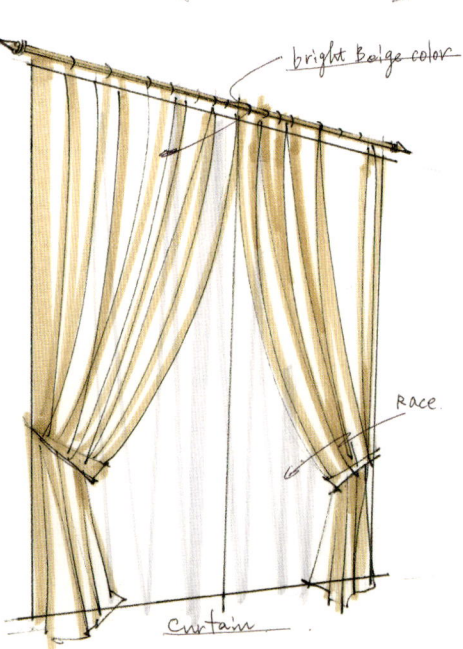

マーカー（コピック）使用

第1章 スケッチ表現 ア・ラ・カルト

ボールペンで下描きマーカー（コピック）で着彩

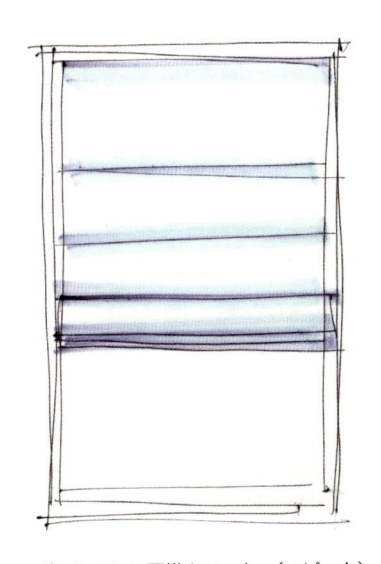

ボールペンで下描きマーカー（コピック）で着彩

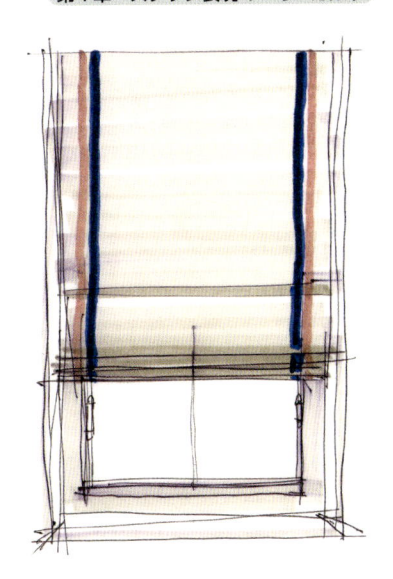

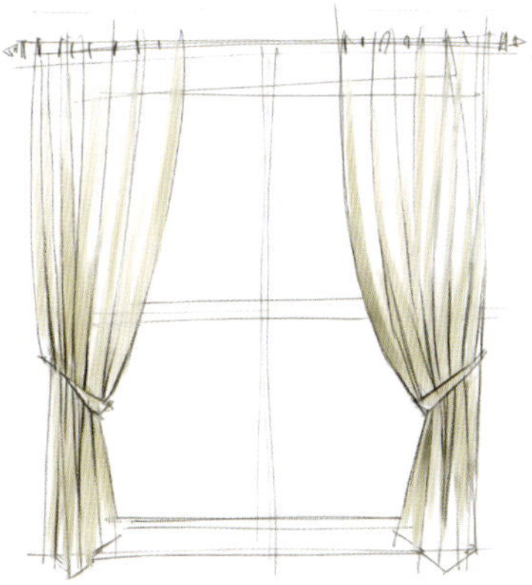

カーテンの基本。ひだは開口部からはみ出して描くのがポイント

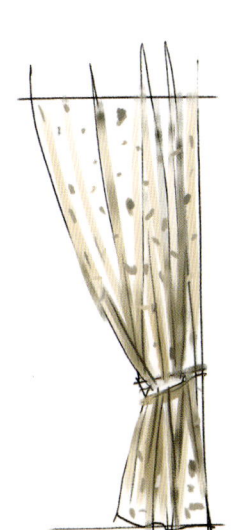

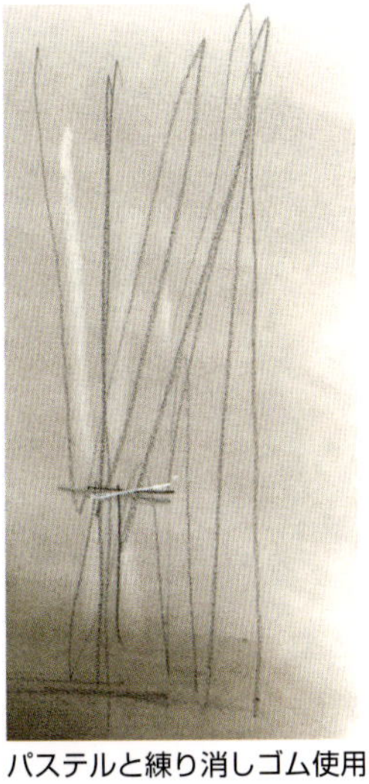

パステルと練り消しゴム使用

パステル使用

キッチンを描く

独立した空間に置かれる独立タイプのキッチン。ダイニングと一緒に置かれるオープンタイプのキッチン。リビングダイニングまで含んだ空間に置かれるアイランドタイプのキッチンなど。キッチン空間は建て主の要望によって多様化しています。こうしたキッチン空間をわかりやすくその場で納得のいく形でプレゼンテーションしていくためにスケッチの果たす役割は大きく、ここではいろいろなシーンでのキッチンの表現方法を紹介します。

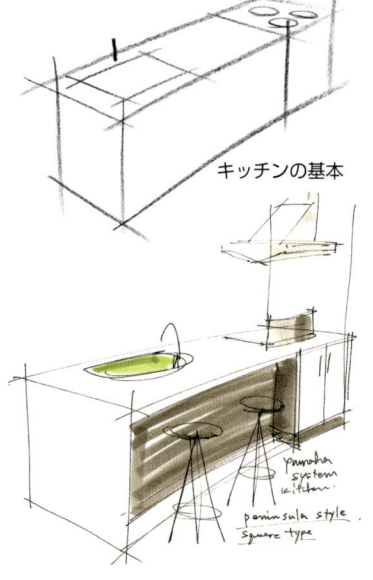

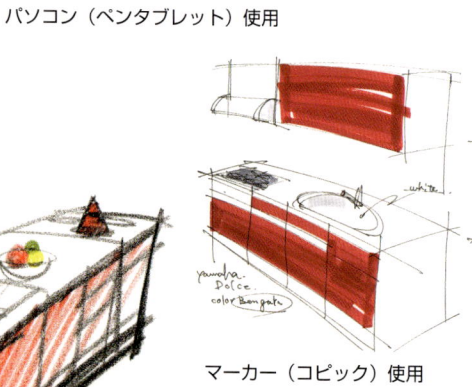

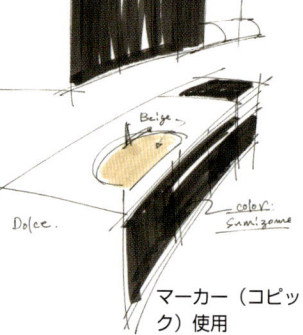

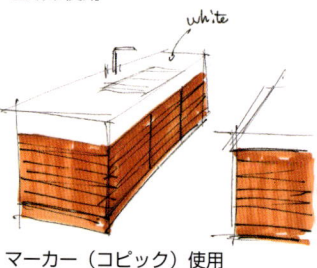

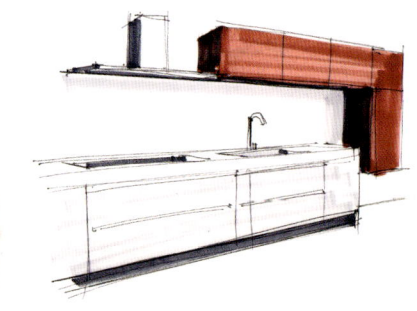

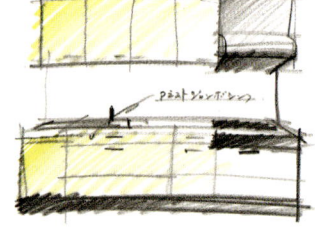

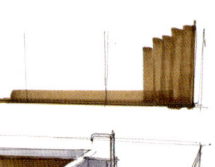

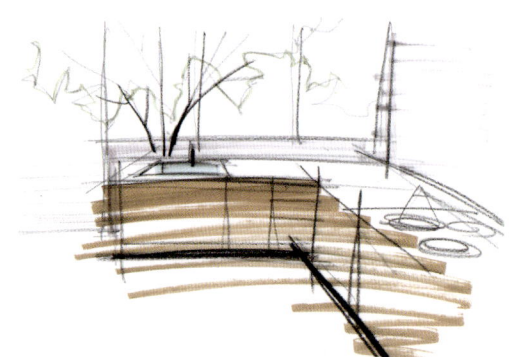

キッチンの基本

パソコン（ペンタブレット）使用

色鉛筆使用

マーカー（コピック）使用

マーカー（コピック）使用

マーカー（コピック）使用

第1章 スケッチ表現 ア・ラ・カルト

マーカー（コピック）使用

万年筆使用

マーカー（コピック）使用

マーカー（コピック）使用

キッチンの基本

色鉛筆使用

マーカー（コピック）使用

25

洗面化粧台を描く

洗面化粧台は脱衣所の設備のひとつという位置づけ（顔を洗う、歯を磨くという機能）だったモノが、今ではゆったりとくつろぐ、心地よく化粧するための空間に置かれるモノとして位置づけられるようになってきました。洗面化粧台の多くは鏡、洗面ボール、水栓金具、カウンター、ボックスという構成で出来ています。おのおの異なった素材を描き分けることも必要ですが出来るだけシンプルに表現することも大切です。

パステル使用

色鉛筆使用

マーカー（コピック）使用

マーカー（コピック）使用

第1章 スケッチ表現 ア・ラ・カルト

色鉛筆使用

マーカー（コピック）使用

マーカー（コピック）使用

洗面化粧台の基本（出来るだけシンプルに）

洗面化粧台の基本

マーカー（コピック）で描いた
イメージスケッチ

バスルームを描く

バスルームは身体を清潔にする機能のほかに、バスルームから庭を眺めたい、温泉気分を自宅のお風呂で味わいたい、オーディオルームのように音楽や映像を楽しみたい、などバスルームに対する要望が多様になってきました。表現方法も水回り設備として線画で簡単に描くスケッチから心地よい雰囲気を伝えるスケッチまで幅広い表現テクニックが必要になります。

パステル使用

パステル使用

色鉛筆使用

パソコン（ペンタブレット）使用

マーカー（コピック）使用

バスの基本

マーカー（コピック）使用

第1章 スケッチ表現 ア・ラ・カルト

色鉛筆使用

色鉛筆使用

バスの基本

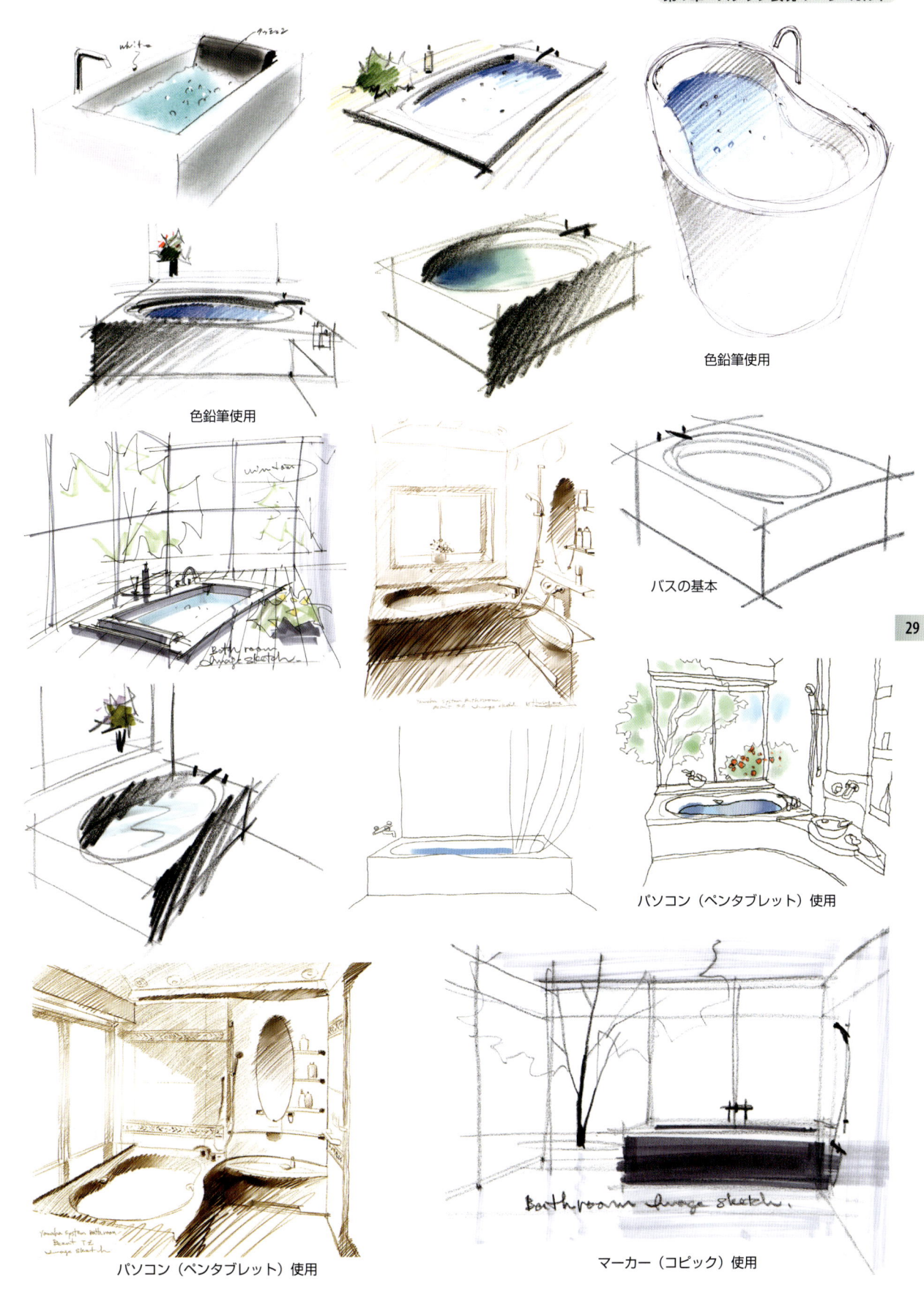

パソコン（ペンタブレット）使用

パソコン（ペンタブレット）使用

マーカー（コピック）使用

階段を描く

住まい手からの描いて欲しいという要望の多い空間のひとつが階段周りです。しかしこれはインテリア空間の中で最も描くのが難しいと言われている空間です。空間が複雑でイメージしにくいからでしょう。階段は単に上り下りする単純な機能ではなくインテリアデザインの中の重要なポイントになっているので余分な要素は整理して周辺のソファやその他の家具などと組み合わせて描くと良いでしょう。

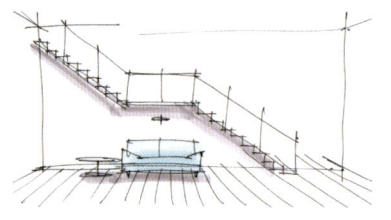

ミリペンとマーカー（コピック）使用

パソコン（ペンタブレット）使用

パソコン（ペンタブレット）使用

色鉛筆使用

パソコン（ペンタブレット）使用

色鉛筆使用

色鉛筆使用

色鉛筆使用

色鉛筆使用

第1章 スケッチ表現 ア・ラ・カルト

マーカー（コピック）使用

パソコン（ペンタブレット）使用

パソコン（ペンタブレット）使用

色鉛筆使用

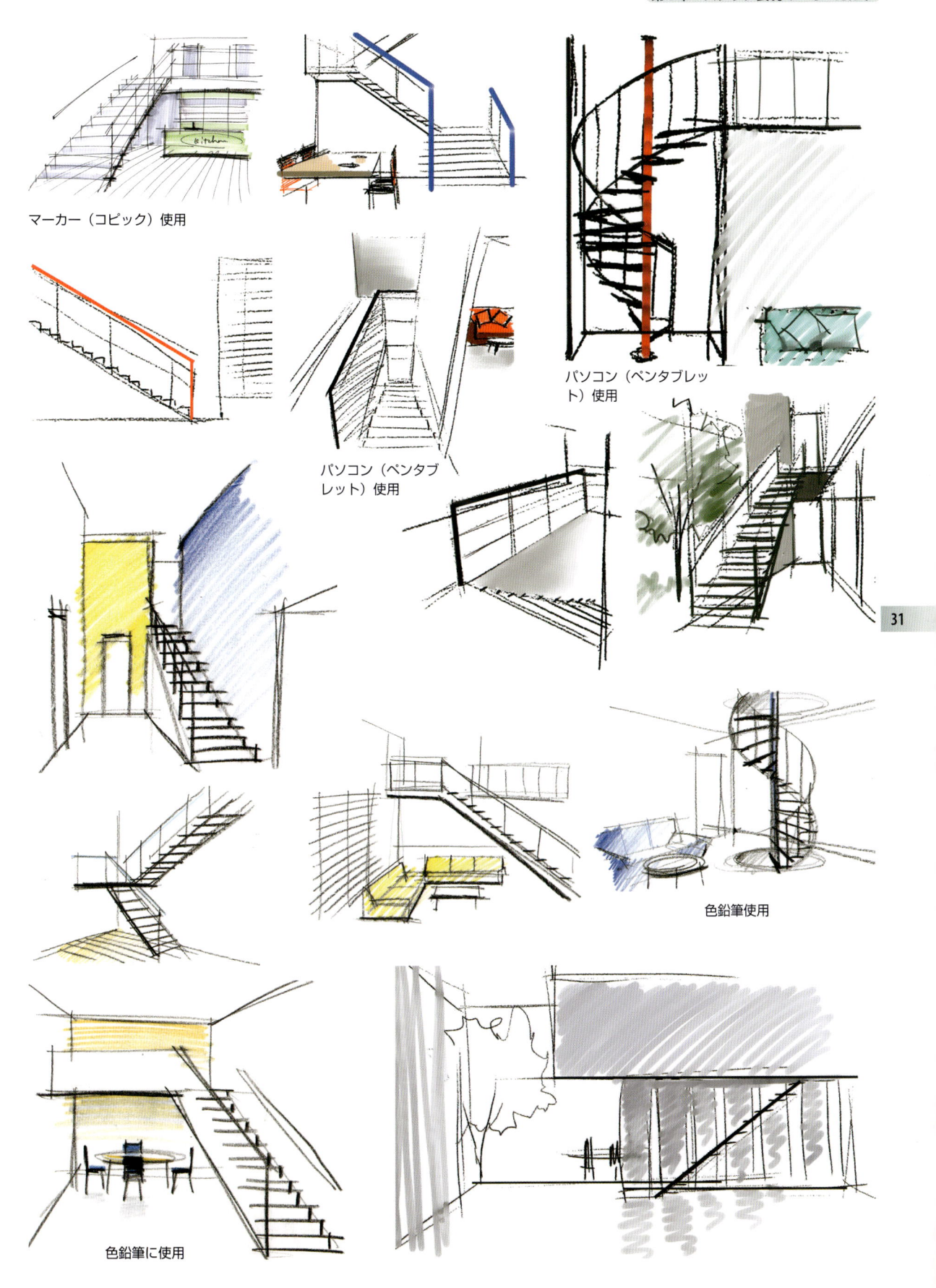

色鉛筆に使用

31

照明を描く

照明はスケッチ表現の中でもっとも重要です。照明器具を描くことも大切ですが照明効果をいかに表現するかがポイントになります。スケッチで照明の明るさを描く場合は紙の地の白さを明かりとして表現します。

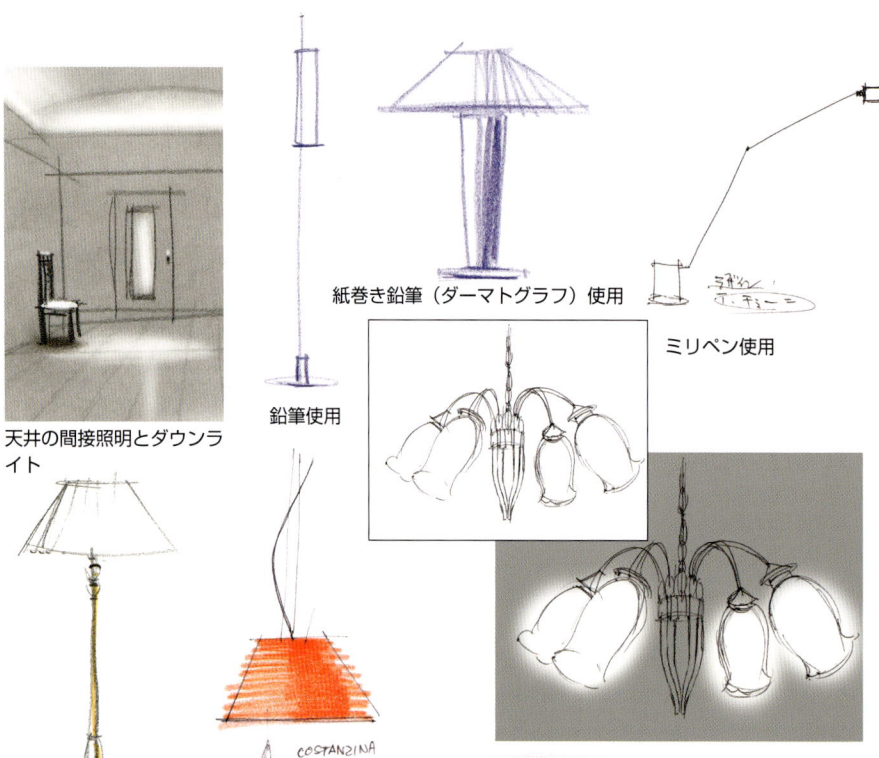

紙巻き鉛筆（ダーマトグラフ）、マーカー（コピック）、パステル使用

天井の間接照明とダウンライト

紙巻き鉛筆（ダーマトグラフ）使用

ミリペン使用

鉛筆使用

紙巻き鉛筆（ダーマトグラフ）とマーカー（コピック）使用

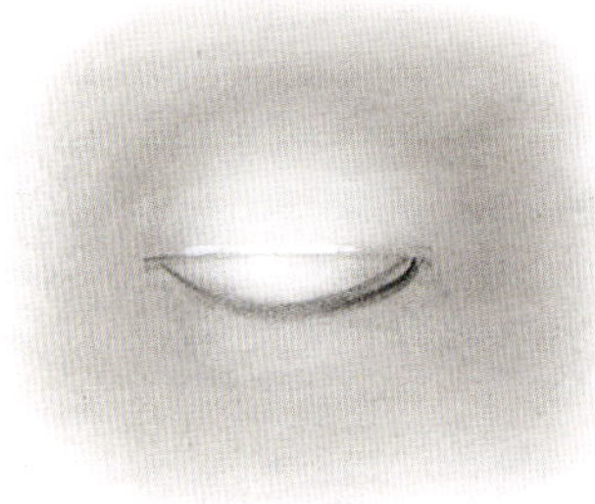

パステルで描いた照明効果

壁に掛けた絵画のライティング効果

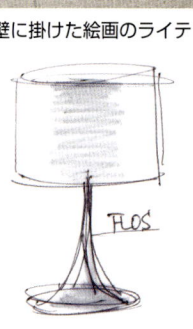

紙巻き鉛筆（ダーマトグラフ）、パステル、練り消しゴム使用

ニッチとダウンライトの照明効果

ニッチの照明効果の表現

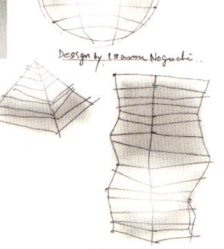

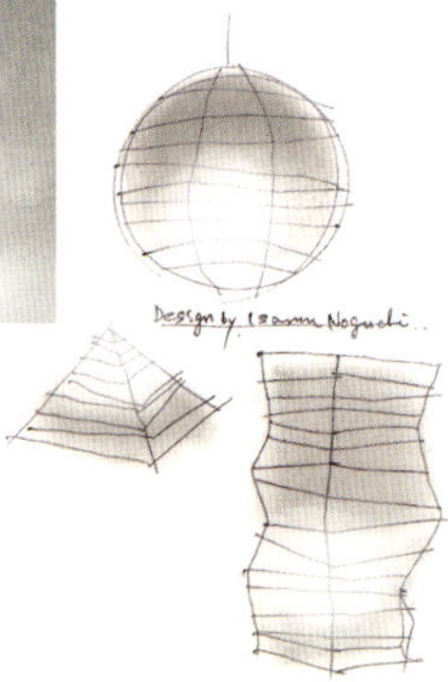

パステルで表現

第1章 スケッチ表現 ア・ラ・カルト

鉛筆で表現

ニッチの照明効果

色鉛筆で表現

紙巻き鉛筆（ダーマトグラフ）使用

寝室の間接照明効果。パステルで全体を塗りつぶし練り消しゴムで消して表現します。

鉛筆使用

パステルで表現

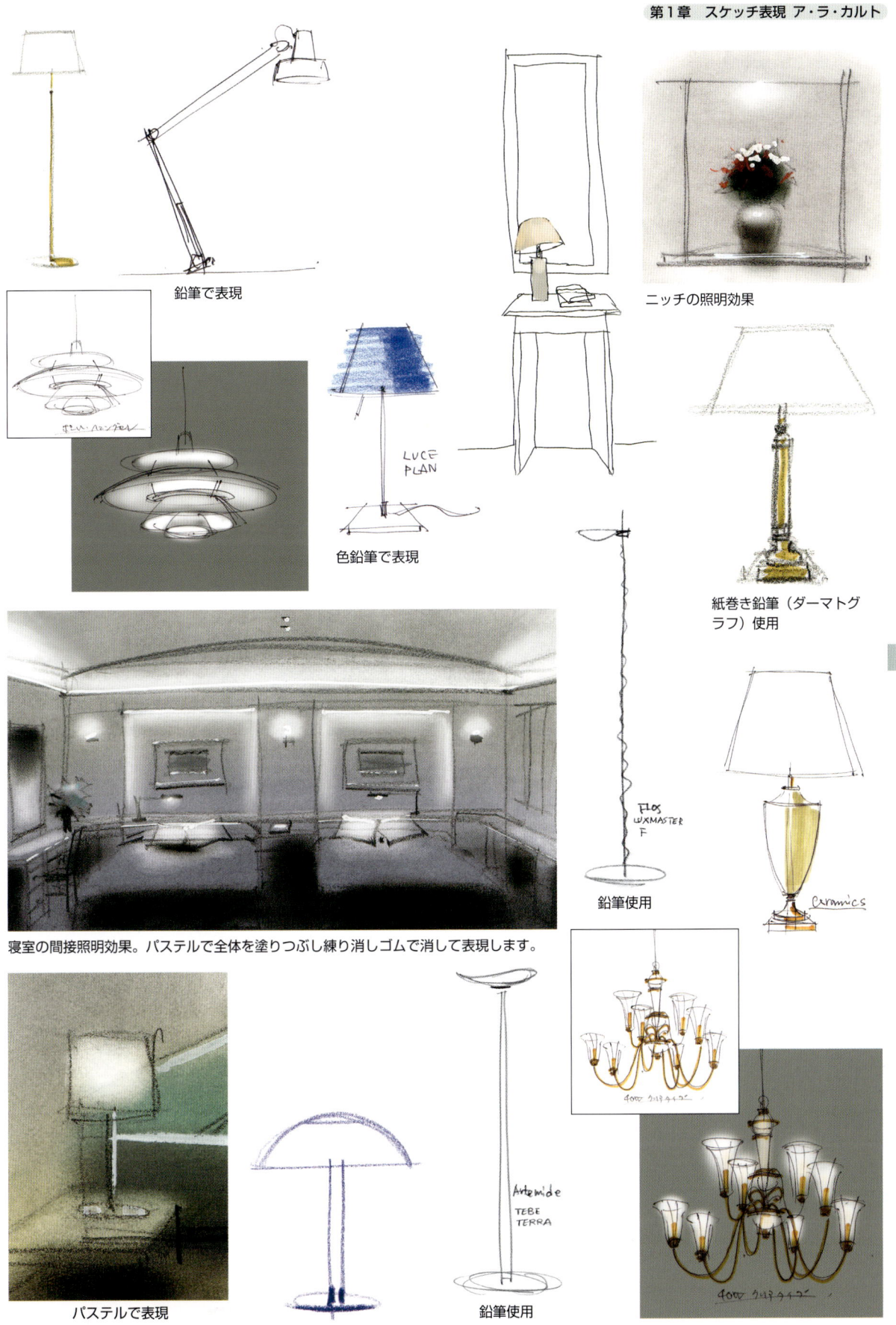

鉛筆使用

33

パステルで表現

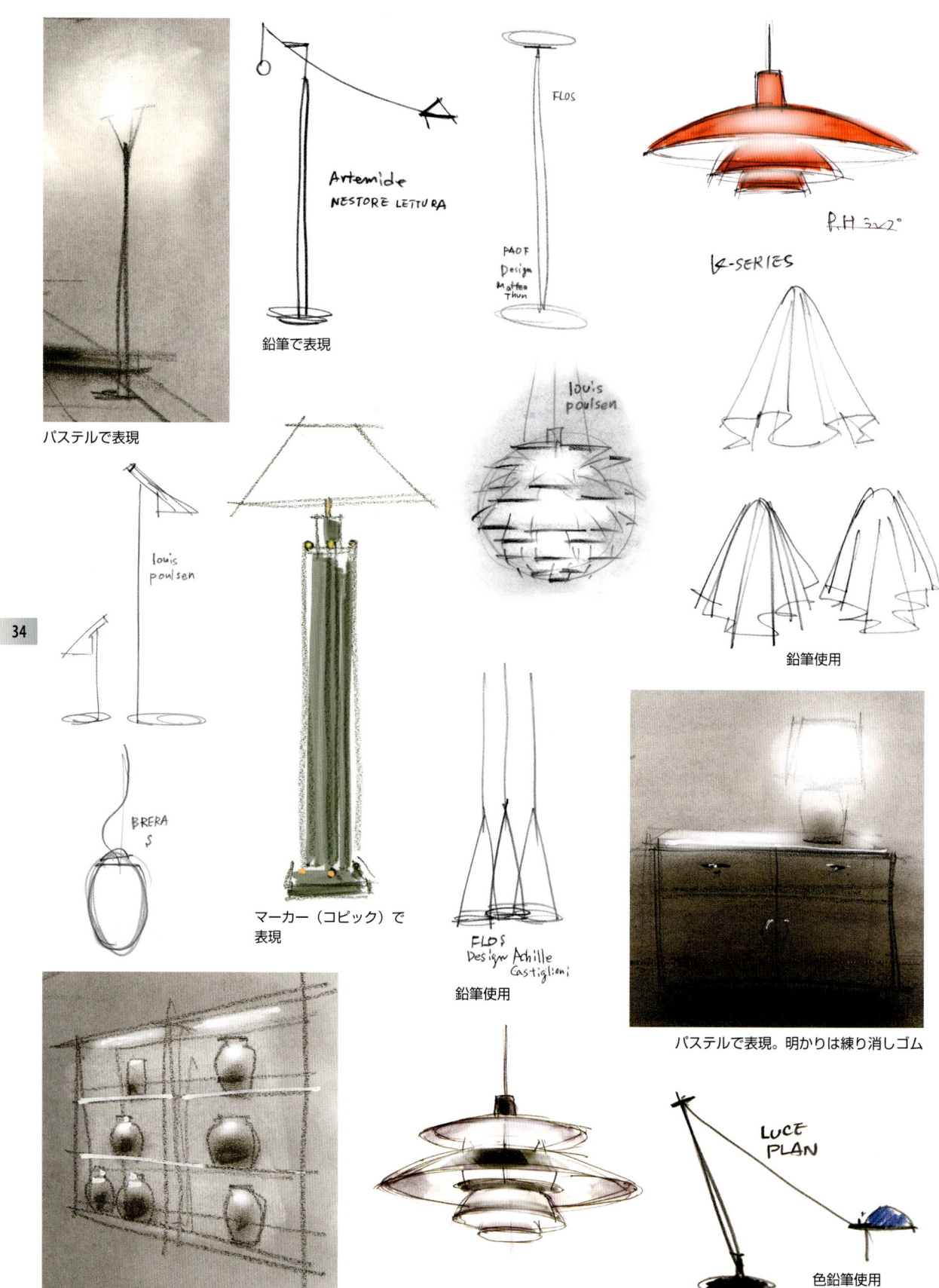

Artemide
NESTORE LETTURA

鉛筆で表現

FLOS
PAOF
Design
Matteo
Thun

P.H 3×2°

K-SERIES

louis
poulsen

louis
poulsen

BRERA S

マーカー（コピック）で表現

FLOS
Design Achille
Castiglioni

鉛筆使用

鉛筆使用

パステルで表現。明かりは練り消しゴム

LUCE PLAN

色鉛筆使用

第2章
画材による描き方の基礎

各々の画材には、各々の特徴があります。線描きなどのメモに適した紙巻き鉛筆。着彩するときにスピードと雰囲気を重視したパステル。スピーディーで軽快な仕上り感のあるマーカー。手軽でさわやかな味の色鉛筆。木漏れ日や映り込み、照明効果になくてはならない練り消しゴム。明るく輝く部分などのアクセント的な表現に最適な修正液など「はやく」描き上げるための基本となるテクニックを解説しました。

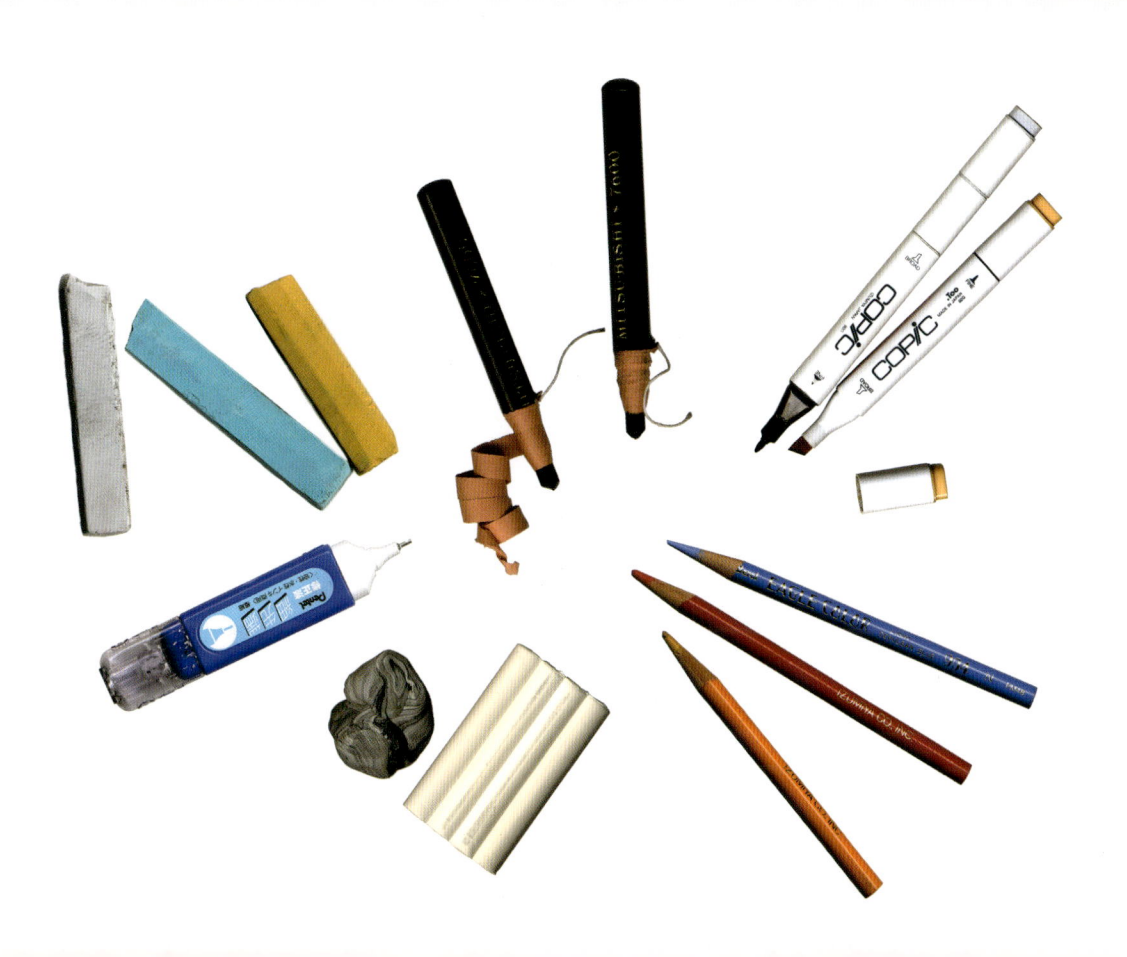

紙巻き鉛筆の描き方

紙巻き鉛筆（ダーマトグラフ）の最大の効果は線の「太さ」「強さ」です。この特徴によって「メリハリ」「強弱」が表現でき、描く人の「味」「個性」を相手に伝えることが出来ます。

紙巻き鉛筆（ダーマトグラフ）の「メリハリ」「強弱」の例。

紙巻き鉛筆（ダーマトグラフ）は「DERMATOGRAPH 三菱製」を使用。

正しい紙巻き鉛筆の持ち方。線の強弱をつけるときにもこの持ち方で対応します。

一番太い線（強い線）やグラデーション（ぼかし）を描くときにはやや寝かせて描きます。

間違った紙巻き鉛筆の持ち方。

紙巻き鉛筆でのグラデーション（ぼかし）。

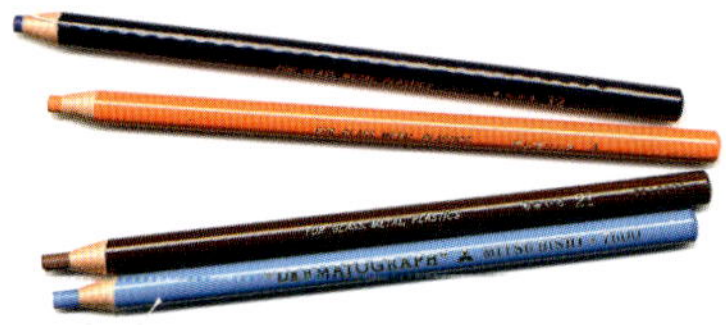

紙巻き鉛筆（ダーマトグラフ）の色鉛筆タイプ。

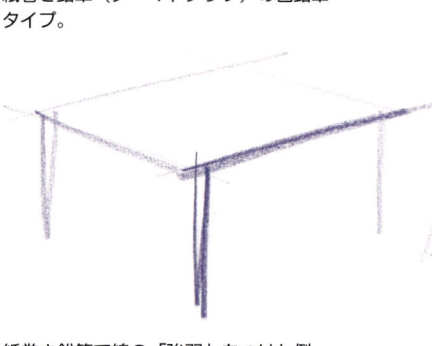

紙巻き鉛筆で線の「強弱」をつけた例。

スケッチの手前や下の部分を強く（濃く）描きます。この絵の場合は左上から光が当たっている設定なので右側を強調して描くとスケッチが締まります。

第2章 画材による描き方の基礎

ソファのスケッチ。クッションの下など影になる部分は濃く描きます。

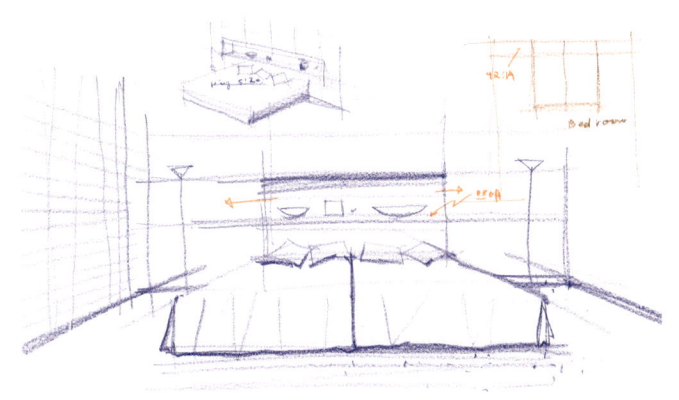

ベッドルーム。床やベッドの下の線を強調するとメリハリのあるスケッチになります。

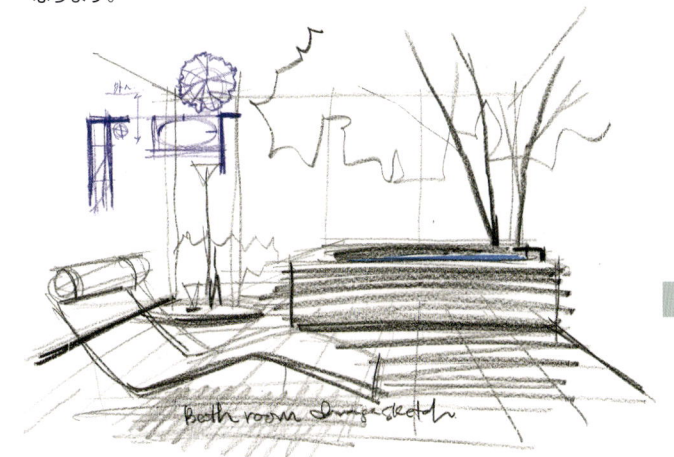

キッチンダイニング。逆光なので陰を強調します。

バスルーム。背景の木は出来るだけ大胆にシンプルに描きます。

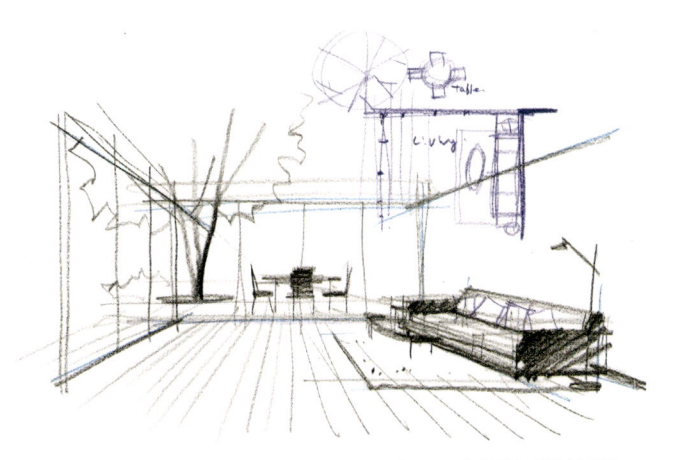

シアタールーム。線のメリハリをつけます。手前を濃く、奥の開口部のところを薄く描きます。

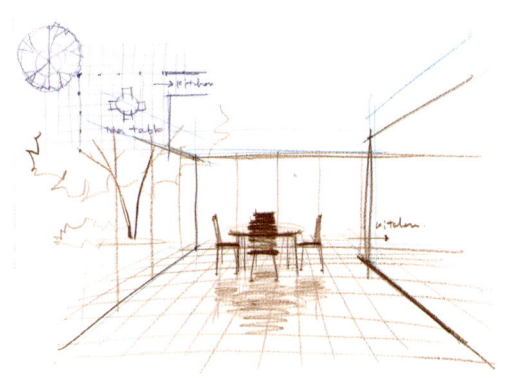

リビングルーム。手前のソファを強調。強弱のバランスを考えながら外のテーブル、椅子をアクセント的に強調して描きます。

あたたかなやさしい感じを表現したいときにはセピア色の紙巻き鉛筆を使用して雰囲気を出します。

37

色鉛筆での描き方

色鉛筆の特徴は手軽に着彩出来ることです。特に小さな面をアクセント的に塗るのに適しています。大きな面を印象的に塗るには全部同じ調子で塗るのではなくポイントを絞って着彩するといいでしょう。

色鉛筆は「PRISMACOLOR」(プリズマカラー)を使用。

斜めにグラデーションがスムーズに塗れるように練習します。

小さな面を塗るときの角度。

強くて太い線や大きな面を塗るときは色鉛筆を寝かして描きます。

キッチンのところをメインに着彩。

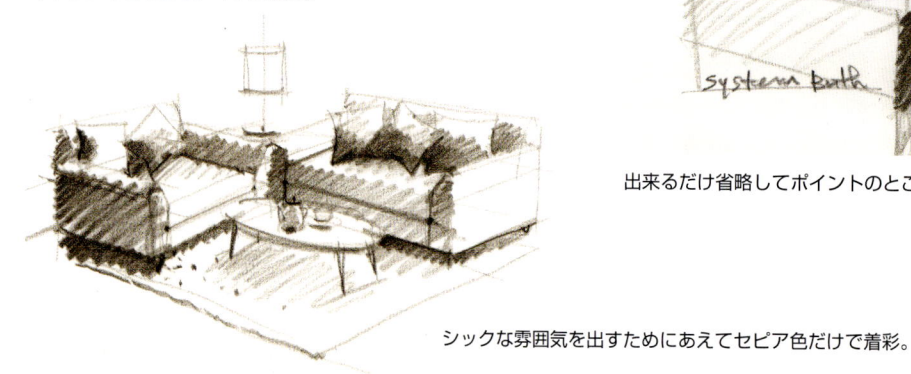

出来るだけ省略してポイントのところだけ着彩。

シックな雰囲気を出すためにあえてセピア色だけで着彩。

第2章　画材による描き方の基礎

柔らかなソファのようなモノの場合は右下からグラデーションを描くと開放感のある表現が出来ます。

左上からグラデーションで描いていくと締まりのある空間に仕上がります。

ブルーの同系色を混ぜながら着彩すると表現に深みがでます。

色鉛筆の白は柔らかなハイライトの表現に向いています。

パステルでの描き方

パステルの最大の特徴は「ぼかし」です。この「ぼかし」はティッシュペーパーや指を使って表現します。床、壁、天井などの大きな面を一気に塗る時や柔らかなモノの表現、影などを描くのに適しています。

パステルは「NUPASTEL」を使用。

パステルの着彩後は必ず定着液を使用します。（定着液は「トリパブA」を使用）

面を塗る時のパステルの正しい持ち方。パステルの稜線を紙に置いて描きます。

横から見たところ。

この写真のようにパステルの平らな部分を紙に直接置いて描くとムラになりやすくなります。

大きな面（床、壁など）を塗る時は手のひら全体を紙の上に置くようにしてパステルをのばします。

小さな面、細かなところをぼかす時は指をこのように浮かしてぼかします。

細かな部分を塗る時の持ち方。

キッチンダイニング。床、壁などはティッシュペーパーでパステルをぼかします。

食器などは直接パステルで描きます。

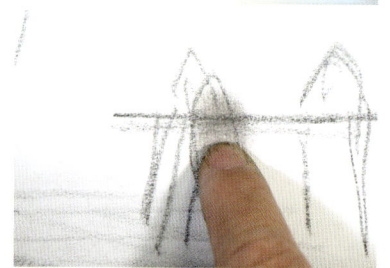

椅子の背面の陰は指でぼかします。

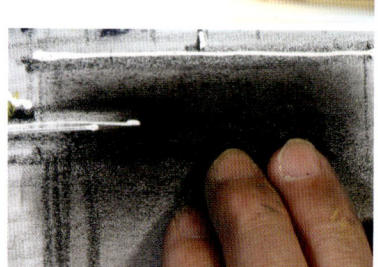

キッチンの陰影の部分は指でぼかします。

椅子の背は直接パステルで描きます。

第2章　画材による描き方の基礎

赤いソファのあるリビング。天井のグレーが暗くならないように注意します。

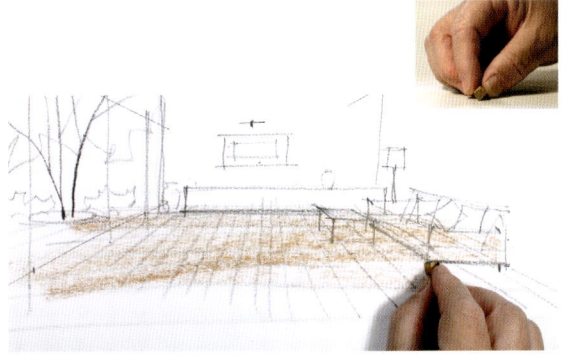

床はパステルでムラなく塗ります。

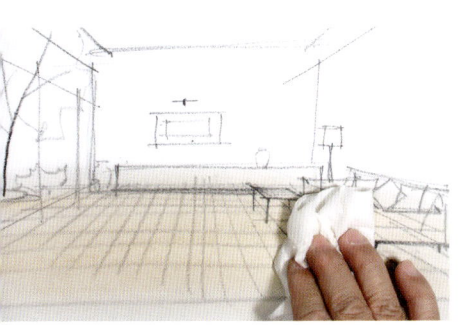

パステルで塗った床をティッシュペーパーでムラなく伸ばします。

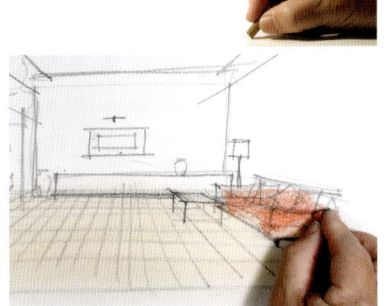

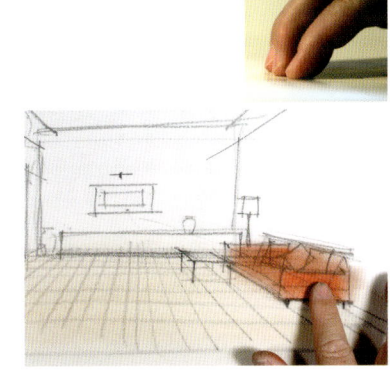

ソファは直接パステルで塗ります。

パステルで直接色を塗ります。

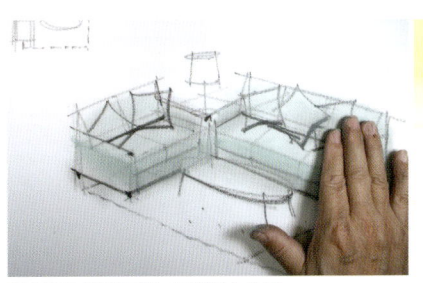

指の腹の部分を使ってぼかします。

エントランスホール。全体はティッシュペーパーでぼかします。

花の部分はパステルで直に描きます。

マーカーでの描き方

マーカーの特徴はスピードです。この特徴を活かせば軽快な着彩スケッチが可能になります。

描くスピードによって濃さが変化します（濃くしたい時はゆっくりと）。

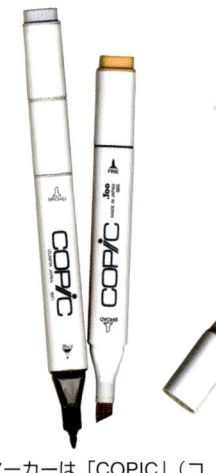

マーカーの特徴である透明感を活かしてスケッチします。

マーカーは「COPIC」（コピック）を使用。

広い面を塗る時の持ち方。ペン先（フェルト部）が紙に均一にあたるように持ちます。

薄くしたい時はスピードを速めます。

細い線を描く時の持ち方。

逆に持ち替えると細いペン先（フェルト部）になります。マーカーで線画を描くのに向いています。

マーカー着彩スケッチの下描きはミリペンを使って描きます。

赤いソファ。明るく表現したいソファの座面などは塗り残します。

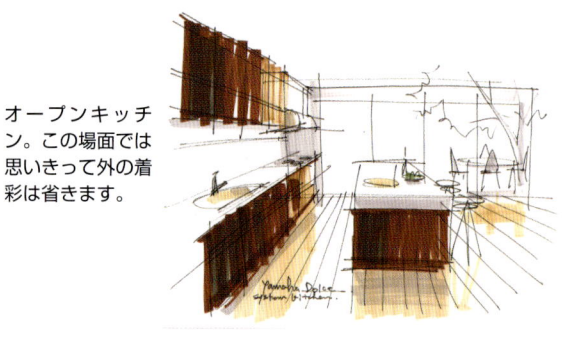

オープンキッチン。この場面では思いきって外の着彩は省きます。

オープンバスルーム。屋外の着彩は出来るだけ省略した方が（ガラス、空色を塗らない）スッキリした仕上がりになります。

第2章 画材による描き方の基礎

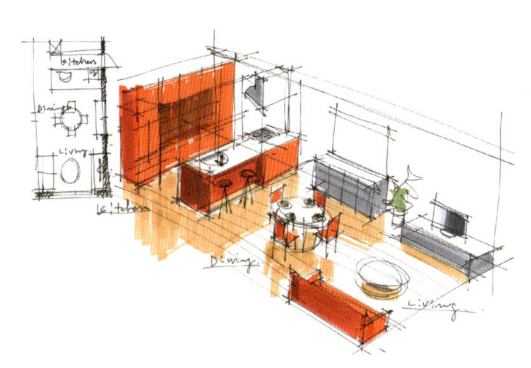

赤いLDK空間。上からのスケッチは床面が目立つのでモノの映り込みの部分だけ床の色を塗ります。

白いキッチンダイニング。白いキッチンの表現はグレーを何種類か使い分けながら表現。

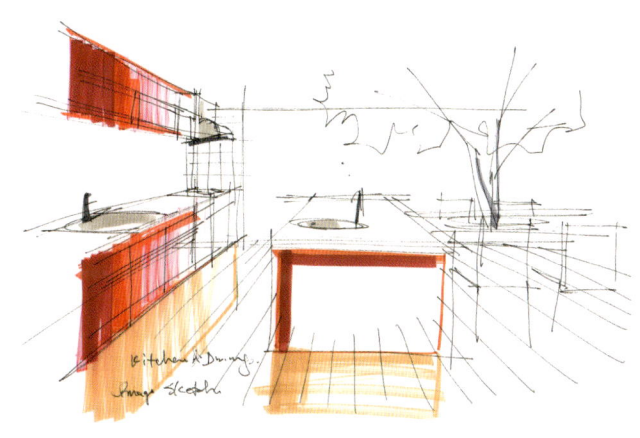

赤いオープンキッチン。できる限り着彩を省略します。

リビングシアター。壁の色はあえて塗らずに表現しました。

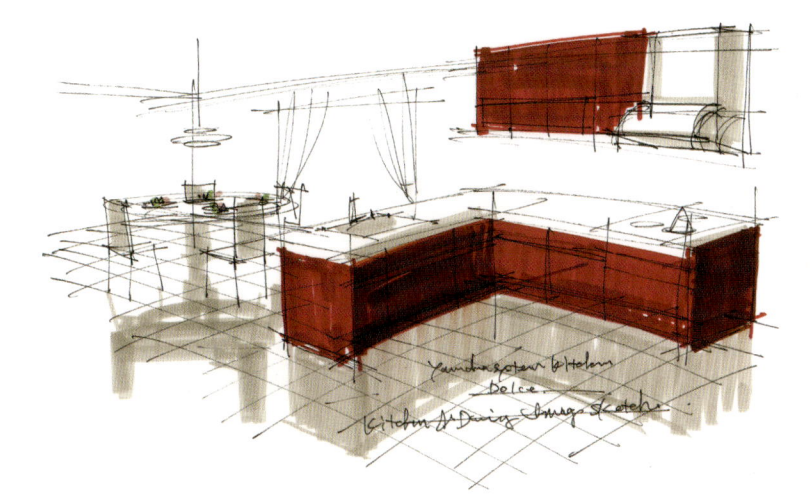

臙脂色のL型キッチン。映り込みを描くと床の仕上がり感が表現できます。

ベッドルーム。床の着彩は基本的には縦方向に塗っていきます。

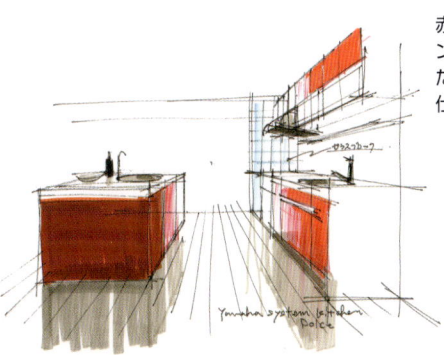

赤いオープンキッチン。スッキリ見せるために全部塗らずに仕上げます。

43

練り消しゴムの使い方

練り消しゴムは修正するための画材というよりもパステルとセットで使用します。使い方は明るくしたい部分の表現、たとえばベッドやソファの明るい部分、開口部、キッチンのカウンター、照明、木漏れ日など多様な部分に使います。

注：練り消しゴムを使う前に定着液を使用すると練り消しゴムが使えませんので必ず練り消しゴムを使った後で定着液を使います。

左側がかなり使い込んだ状態の練り消しゴム。右側は新品の状態。

初めて使用する場合は練り消しゴムを伸ばして団子状態にして使用します。

この写真のような状態（団子）にして使用します。

ベッドルーム。全体をグレーのパステルで塗ってから練り消しゴムを使います。

団子状態にした練り消しゴムを手に馴染ませるように変形させスケッチ面を撫でるように使います。

✗ 練り消しゴムでスケッチ面を押しつけるようにペタペタとしないこと。ムラの原因になります。

天井アーチ部分の間接照明の表現。

照明は直接練り消しゴムで。

螺旋階段のあるキッチンダイニング。床の映り込みの明るい部分を練り消しゴムで。

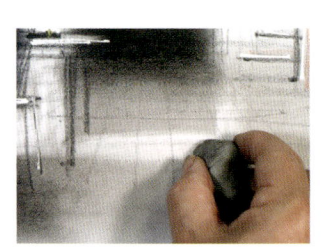

奥の棚の映り込みを練り消しゴムで表現。

青いソファの空間。練り消しゴムで木漏れ日と壁の絵の照明を。

木漏れ日はパステルで塗った壁を練り消しゴムで消して下地の紙の白さを出します。

第2章　画材による描き方の基礎

赤いソファのあるリビング。掃き出し窓、天井の間接照明を練り消しゴムで表現。

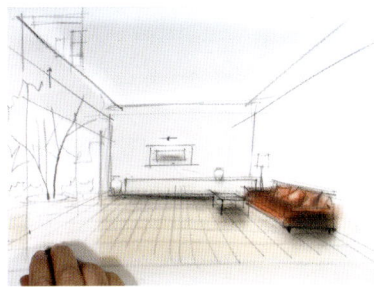

掃き出し窓の映り込みを練り消しゴムで消していきます。

天井の間接照明を練り消しゴムで柔らかく消していきます。

赤いソファの明るくしたい部分を練り消しゴムで消していきます。

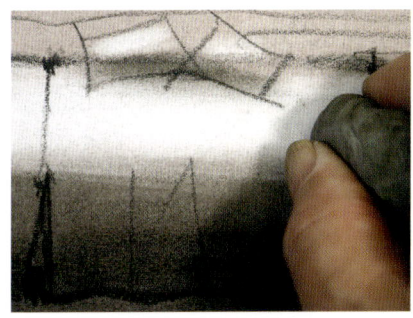

ベッドカバーは明るく柔らかく見えるように練り消しゴムで消します。

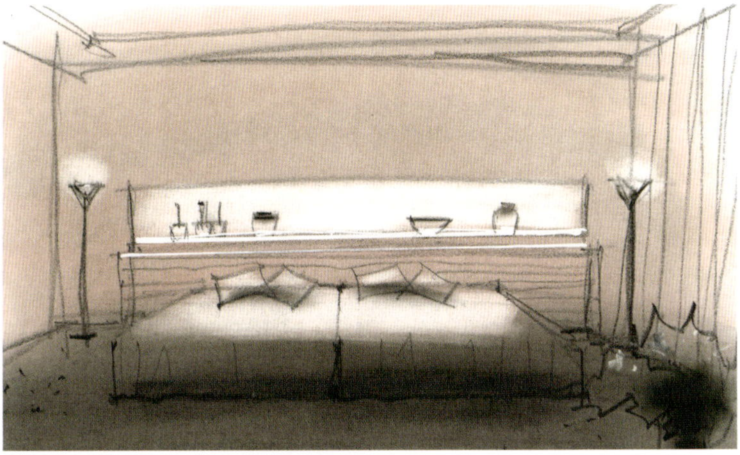

ベッドルーム。ベッドの上の飾り棚の照明は練り消しゴムでムラが出ないように消していきます。

この家具のある玄関は全体をパステルでいったん暗くしてから（グレーで塗ってから）電気スタンドや間接照明などを練り消しゴムで消して表現します。

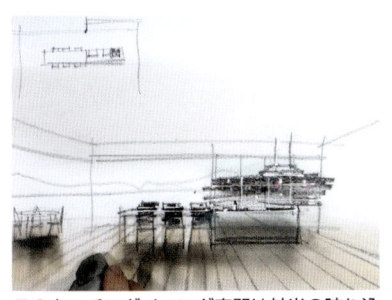

このキッチンダイニング空間は外光の映り込みがポイント。練り消しゴムで床の一部を消します。

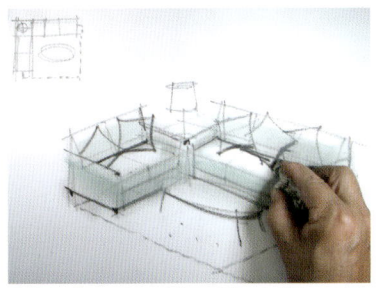

全体をパステルのブルーで塗った後に、このブルーのソファの明るくしたい部分を練り消しゴムで消します。

修正液の使い方

修正液は修正のために使うのではなく一番明るいところを表現するために白色の絵の具の代わりに使います。速乾性に優れているので着彩スケッチにはなくてはならない画材です。

修正液は「Pentel 細先端」を使用。

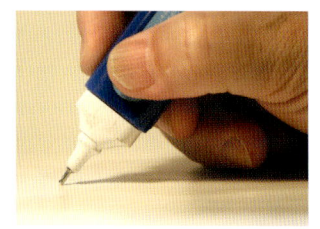

修正液の正しい持ち方。(斜めに傾けて使います。中の液が出やすいように)

修正液の間違った持ち方。

ブルーのソファ

ベッドルーム。

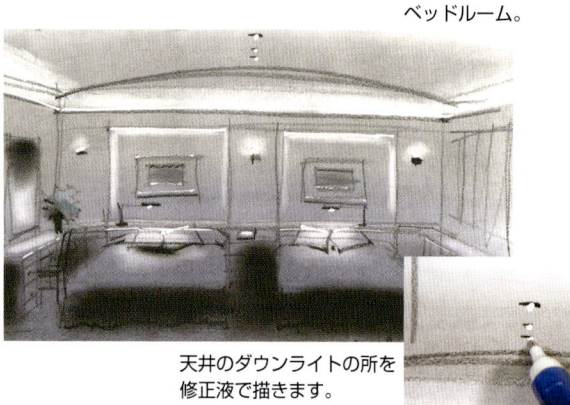

天井のダウンライトの所を修正液で描きます。

テーブルの上の食器のアクセントを修正液で。

セピア色のベッドルーム。

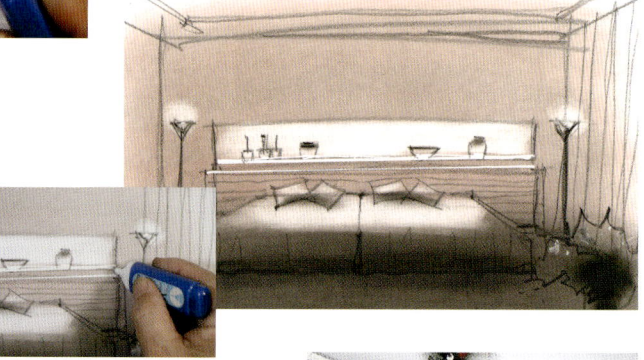

キッチンダイニング空間。

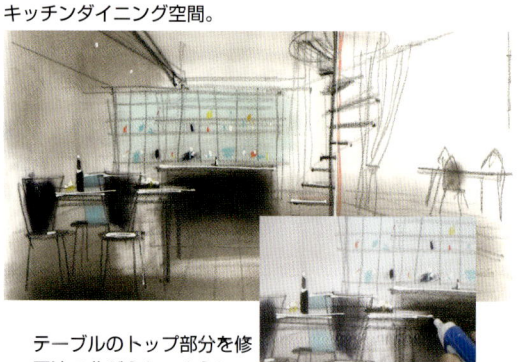

テーブルのトップ部分を修正液で曲がらないように。

飾り棚の下の部分を修正液で。

飾り棚のカウンター部分を修正液で描きます。

飾り棚のある玄関ホール。

花の上の方を修正液で描きます。

天井のダウンライトを修正液で。

第3章
早描きスケッチ

建て主の目の前で描くスケッチのポイントはいかに「はやく」「わかりやすく」描くかです。ここでいう「はやく」は「速く」というよりも「早く」の意味を重視します。この章では、手を「速く」動かすことよりも「早く」描き上げるための省略例を載せました。いかに描く要素を省くかを修得してください。これをマスターすれば、このあとの各々なテーマの対応が楽になります。

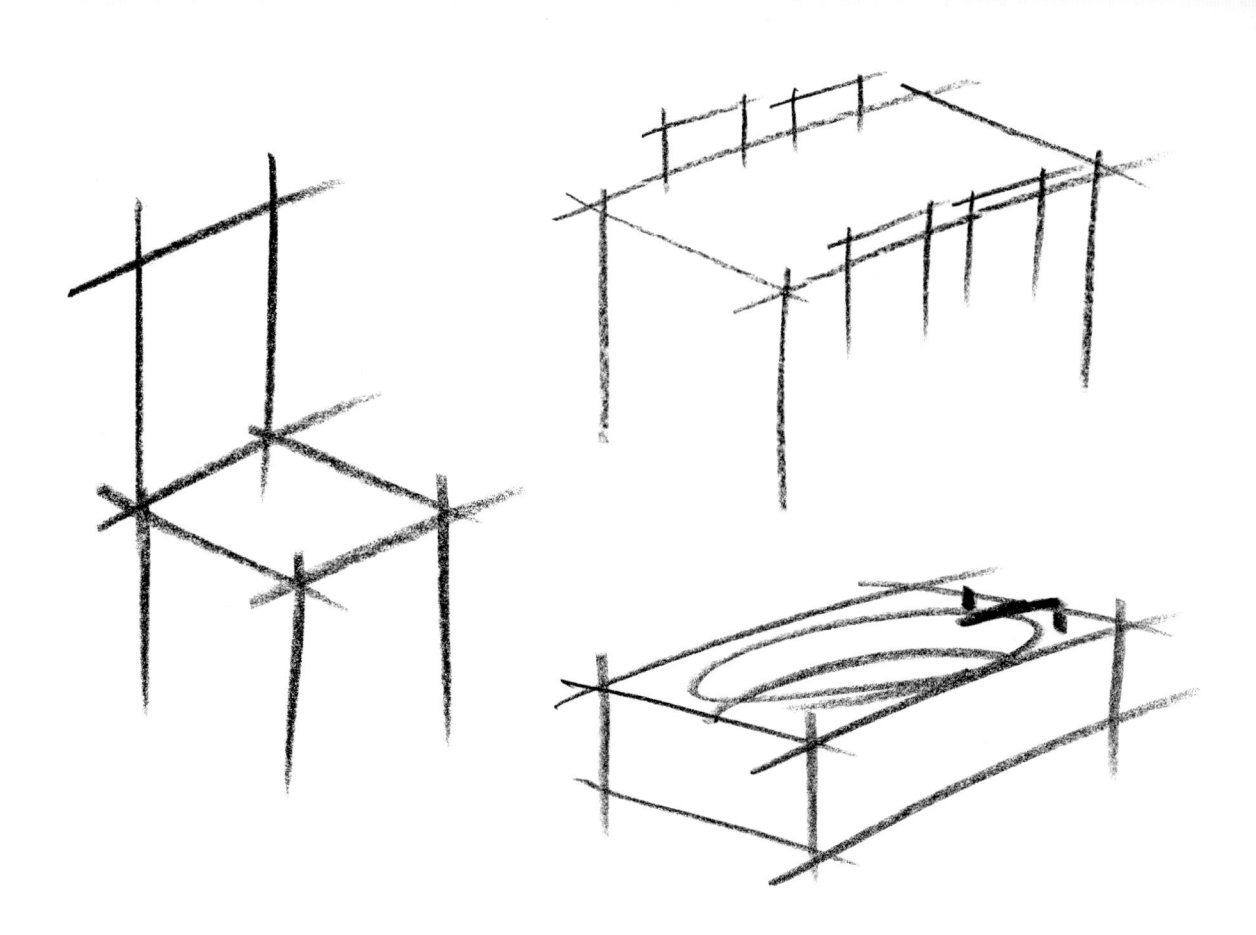

「早く描く」ポイント

ポイントが2つあります。1）省略して描く。2）標準デザイン。の2点です。1）の「省略して描く」の考え方は例えばベッドを描く場合、限界まで線を省略します。これ以上、線を省くとベッドに見えなくなるところまで省略してみます。2）の「標準デザイン」は客観的に見て誰が見てもベッドに見えるということです。自分の好きなベッドを描くことではありません。

「省略」「標準」のベッドのスケッチ例。

「省略」「標準」の椅子のスケッチ例。椅子の脚は3本でもOK。

「省略」「標準」のダイニングセットのスケッチ例。テーブルの脚は3本でもかまいません。椅子の下半身は描かなくても十分に相手に伝わります。

第3章　早描きスケッチ

①ベッドの省略形。

②線を1本加えると空間に（床と壁を表現）。

③線を4本（プラスα）加えると室内ドアの収まり具合が表現。

①洗面化粧台の省略形。

②線を1本加えると空間に（床と壁を表現）。

③トイレの平面を加えると洗面室とトイレのイメージが伝えやすくなります。

①キッチンの省略形。

②線を2本加えると空間に（壁付けタイプに）。

③対面タイプの省略形。

④テーブルとドアを加えるとキッチンダイニングの最省略形の空間が描けます。

⑤フードを加えるとさらに空間が充実。

⑥窓を加えたり陰を付けるとメモ描きからイメージスケッチに変身。

グラデーションの表現

グラデーションをマスターすることによってスケッチにメリハリが出来、また味わいが出てきます。建て主との打ち合わせの中では状況に応じてグラデーションを使います。グラデーションはスケッチの味付けの技術なのでこれを描く事によって時間がかかってしまっては何の意味もありません。鉛筆を持った手を高速に動かすことによってメモが味わいのあるスケッチに変身します。

線を描くときの普通の持ち方。

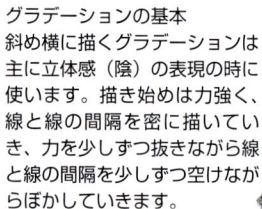

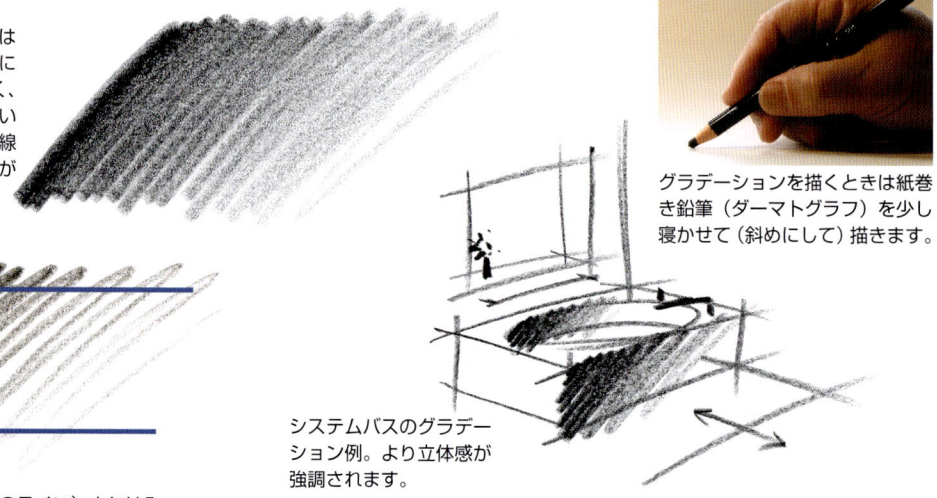

グラデーションを描くときは紙巻き鉛筆（ダーマトグラフ）を少し寝かせて（斜めにして）描きます。

グラデーションの基本
斜め横に描くグラデーションは主に立体感（陰）の表現の時に使います。描き始めは力強く、線と線の間隔を密に描いていき、力を少しずつ抜きながら線と線の間隔を少しずつ空けながらぼかしていきます。

スケッチの輪郭（ブルーのライン）よりはみ出しながら描きます。

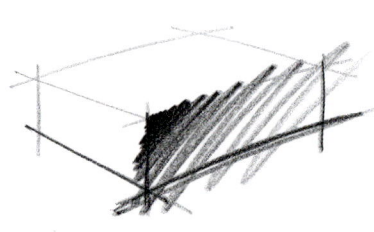

システムバスのグラデーション例。より立体感が強調されます。

はみ出しながら描くと線のスピード感が出ます。

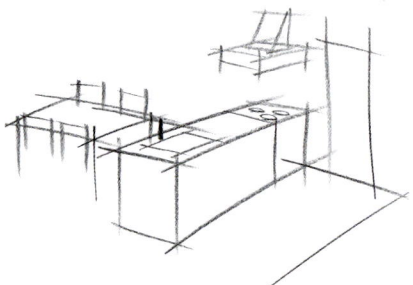

キッチンダイニング空間でのグラデーション例。線画だけの場合に比べるとスケッチとしての雰囲気が出てきます。

縦方向に描くグラデーションは主に鏡や陰影の表現に向いています。

縦のグラデーションを洗面化粧台に応用した例。

縦のグラデーションをダイニングの椅子に応用した例。
4脚の椅子のグラデーションの濃淡の違いに注目。

立体の表現法

第3章 早描きスケッチ

立体の表現はスケッチ・トークの基本です。いくら平面図を見せながら建て主と会話してもイメージはなかなか伝わりません。家具や設備の基本となる立体の描き方を練習しましょう。

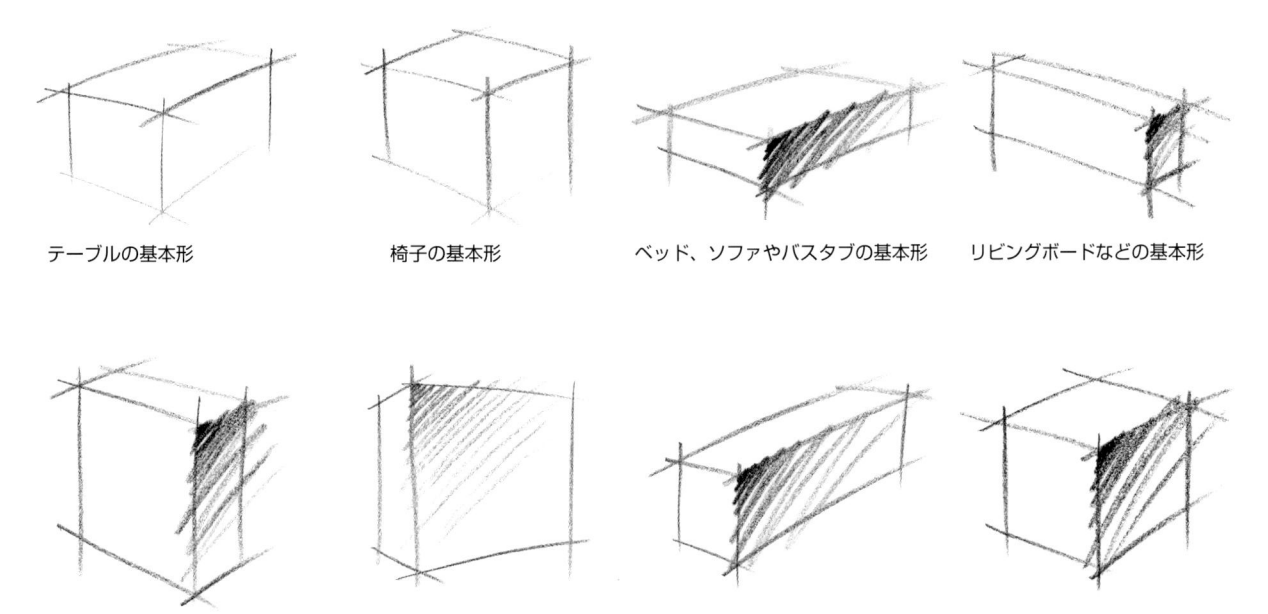

テーブルの基本形　　椅子の基本形　　ベッド、ソファやバスタブの基本形　　リビングボードなどの基本形

収納の基本形その1　　収納の基本形その2　　キッチンの基本形　　洗面化粧台などの基本形

三方に出来た角度（120度）の線が基本になります。

三方に出来た角度（120度）の線で表現した立方体。
家具や設備などのモノを描くときの基本形。
線は勢いよくはみ出して描きます。

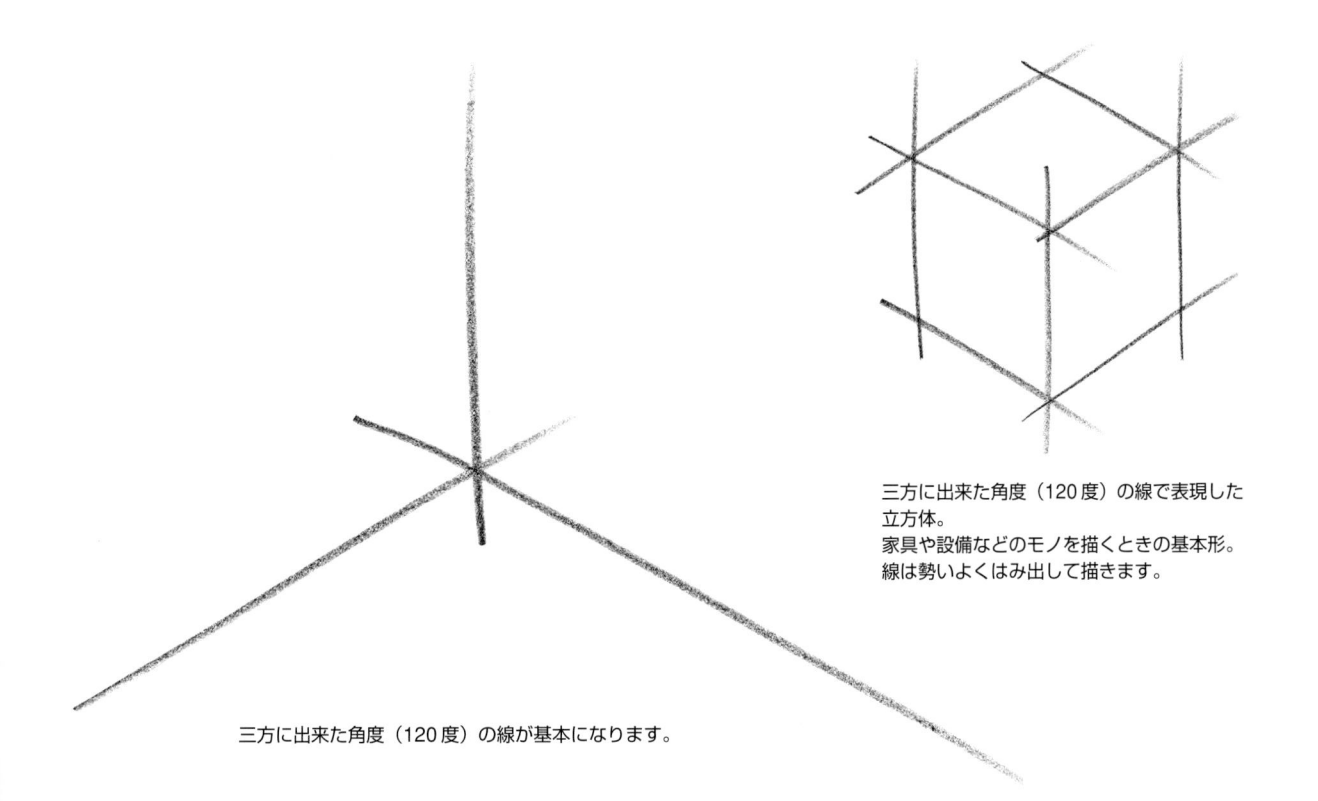

テーブルを描く

テーブルのスタンダード（標準）を描きます。目安として10秒ぐらいで描き上がるように練習します。

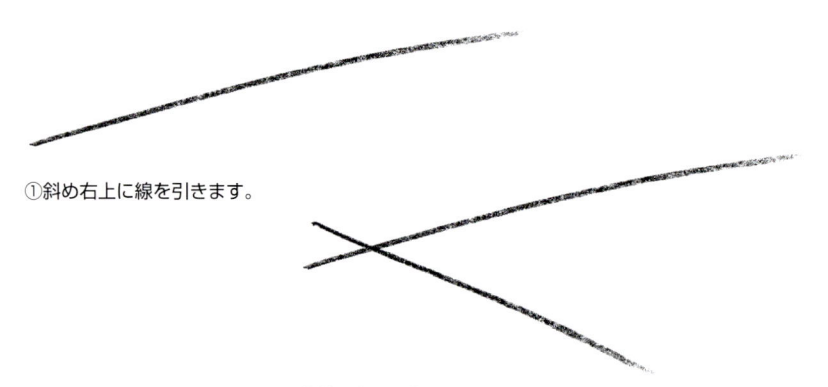

①斜め右上に線を引きます。

②斜め右下に勢いよく線を引きます。

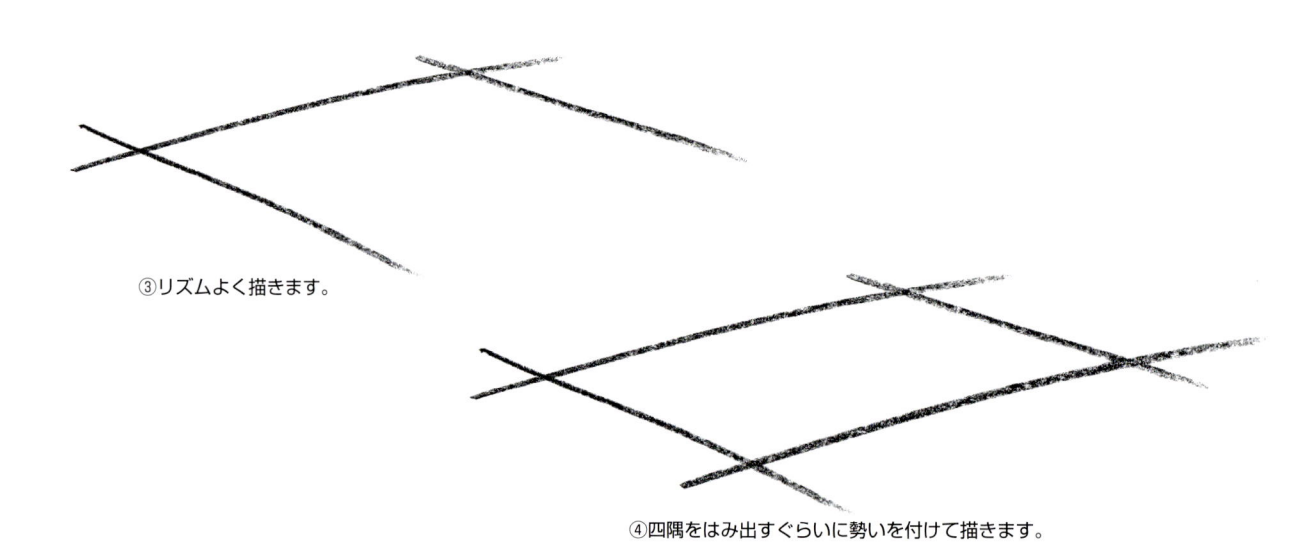

③リズムよく描きます。

④四隅をはみ出すぐらいに勢いを付けて描きます。

第3章　早描きスケッチ

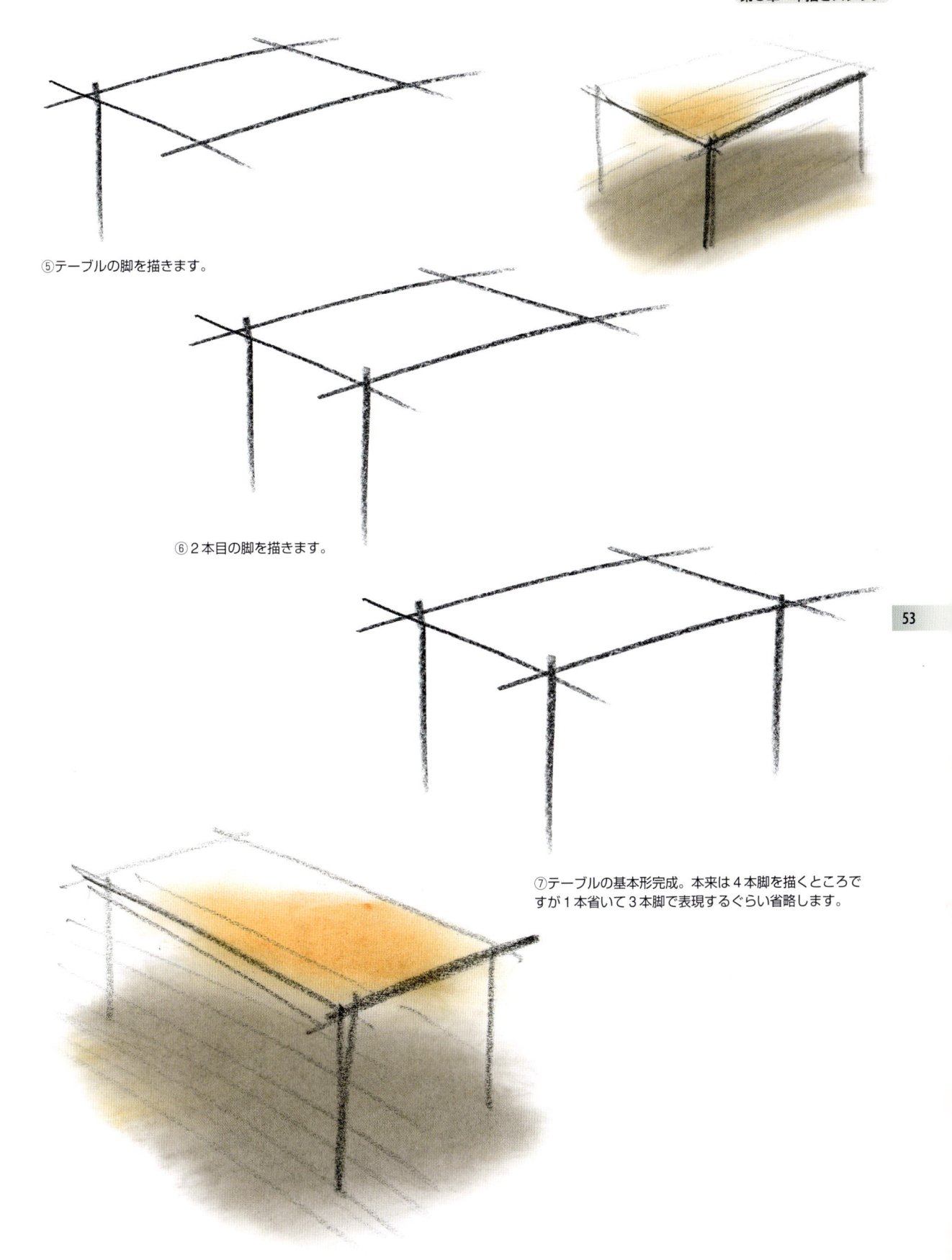

⑤テーブルの脚を描きます。

⑥2本目の脚を描きます。

⑦テーブルの基本形完成。本来は4本脚を描くところですが1本省いて3本脚で表現するぐらい省略します。

テーブルと椅子のセットを描く

テーブルのスタンダード（標準）を描いた後は椅子を加えて4人掛けのダイニングのスタンダードを描きます。その場合の椅子の表現は出来るだけ省略します。椅子の完全な姿は必要ありません。椅子だとわかる最小限の形でいいのです。
この椅子は単体で見ればとても椅子には見えませんがテーブルと組合わされば充分椅子だとわかります。20秒以内で描くと良いでしょう。

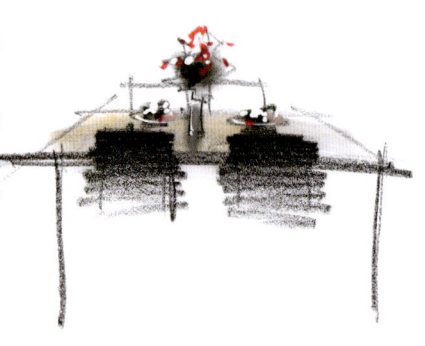

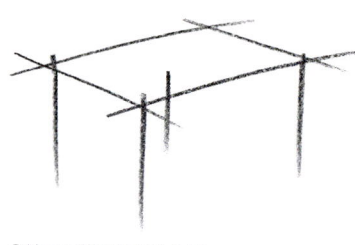

①椅子を描きはじめます。

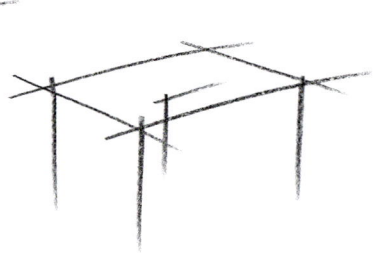

②テーブルのサイドに角度を合わせて。

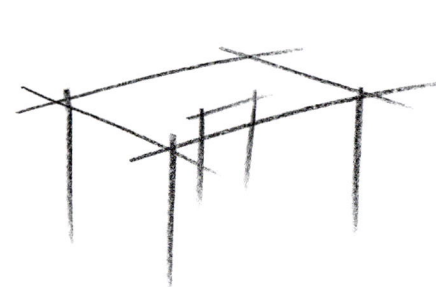

③1脚目の椅子はこれで描き上がり。

④2脚目の椅子を描きはじめます。

⑤リズムよく。

⑥2脚目の椅子はこれで描き上がり。

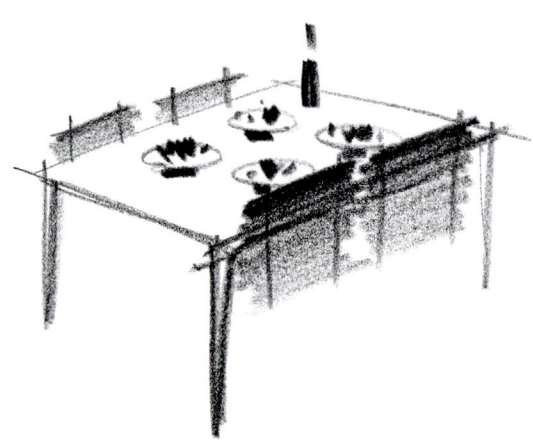

第3章　早描きスケッチ

⑦3脚目の椅子を描きはじめます。

⑧テンポよく。

⑨3脚目の椅子の描き上がり。

⑩4脚目の椅子を描きはじめます。

⑪勢いよく。

⑫4脚目の椅子が描き上がり完成。

55

椅子を描く

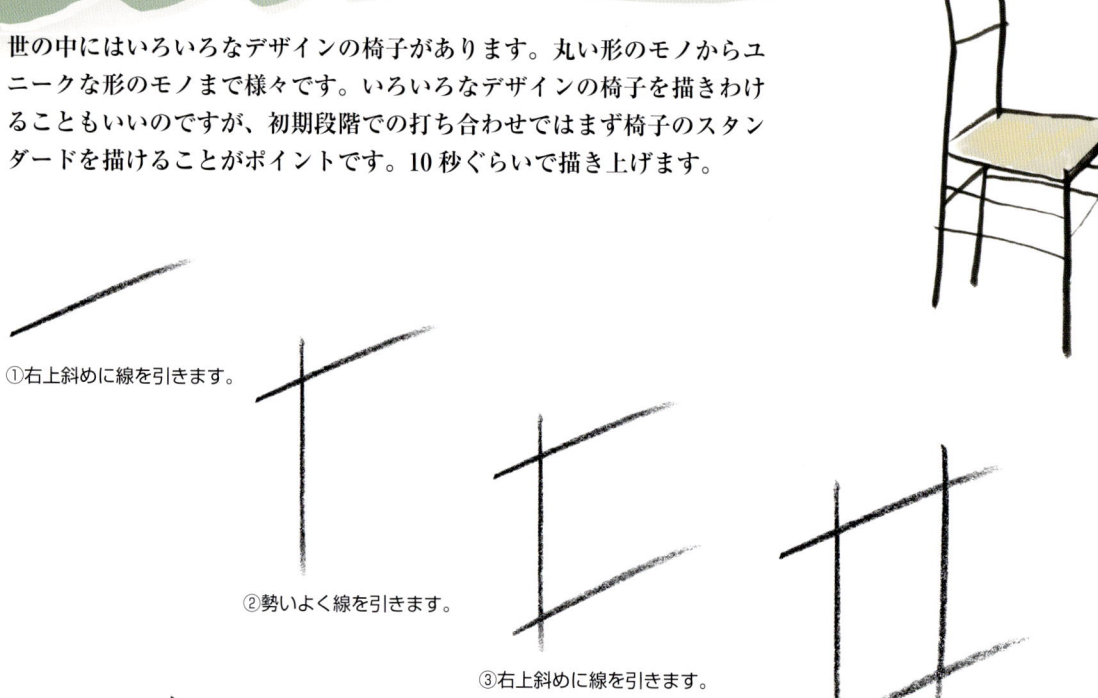

世の中にはいろいろなデザインの椅子があります。丸い形のモノからユニークな形のモノまで様々です。いろいろなデザインの椅子を描きわけることもいいのですが、初期段階での打ち合わせではまず椅子のスタンダードを描けることがポイントです。10秒ぐらいで描き上げます。

①右上斜めに線を引きます。

②勢いよく線を引きます。

③右上斜めに線を引きます。

④四隅をはみ出すように線を引きます。椅子の背の部分が出来上がり。

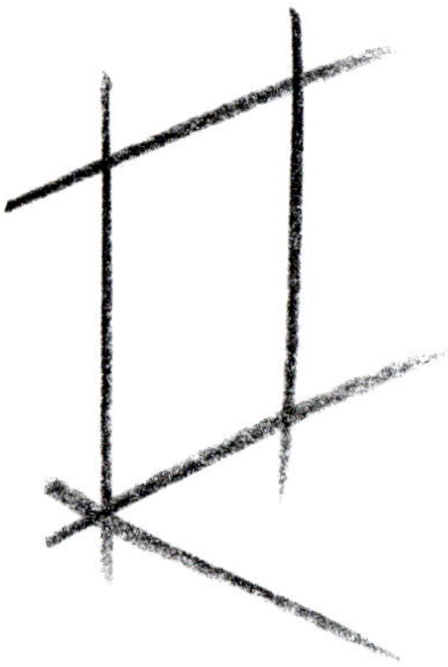

⑤右下に向かって線を引きます。

⑥リズムよく引きます。

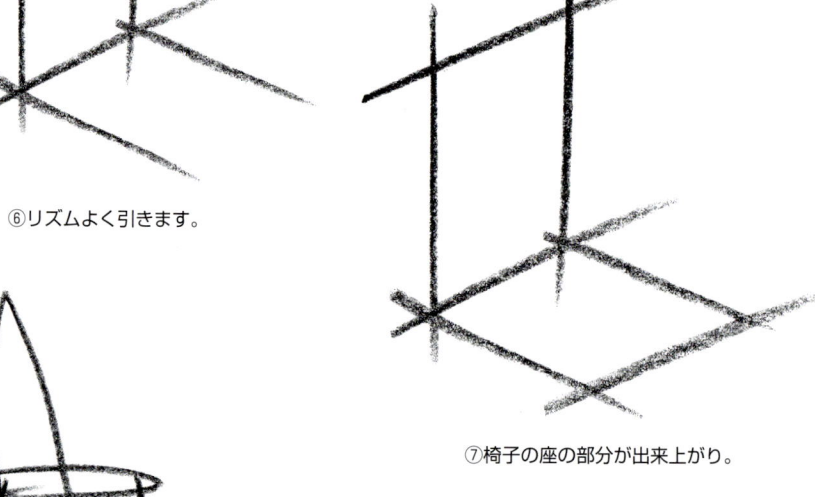

⑦椅子の座の部分が出来上がり。

(秒) 0 30 60 90

END

第3章 早描きスケッチ

⑧1本目の脚を描きます。

⑨2本目の脚を描きます。

⑩3本目の脚を描いて椅子の基本形完成。

(秒)
0　　30　　60　　90

START!!

ベッドを描く

ベッドのスタンダード（標準）は平たい箱を描いて、それにヘッドボードを付けると出来上がりです。10秒ぐらいで描きます。

①勢いよく線を引きます。

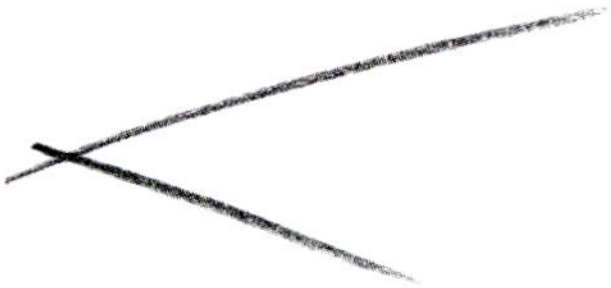

②はみ出すぐらいの感じで線を引きます。

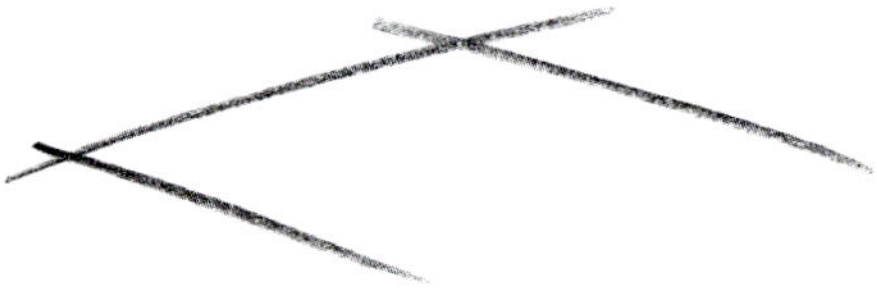

③リズムよく描きます。

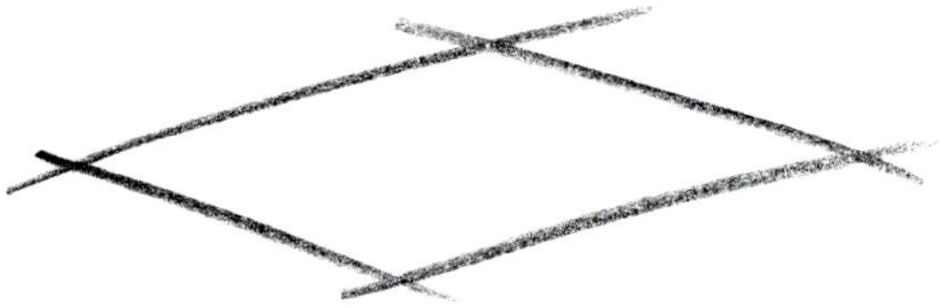

④四隅をはみ出すように勢いよくスピーディに描きます。

⑤垂直に1本目の脚を引きます。

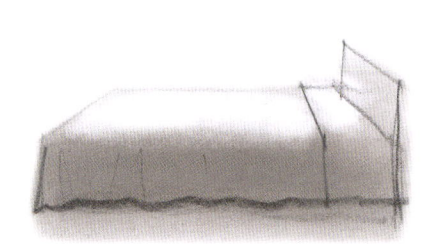

⑥2本目の脚を描きます。

（秒）
0　30　60　90

第3章　早描きスケッチ

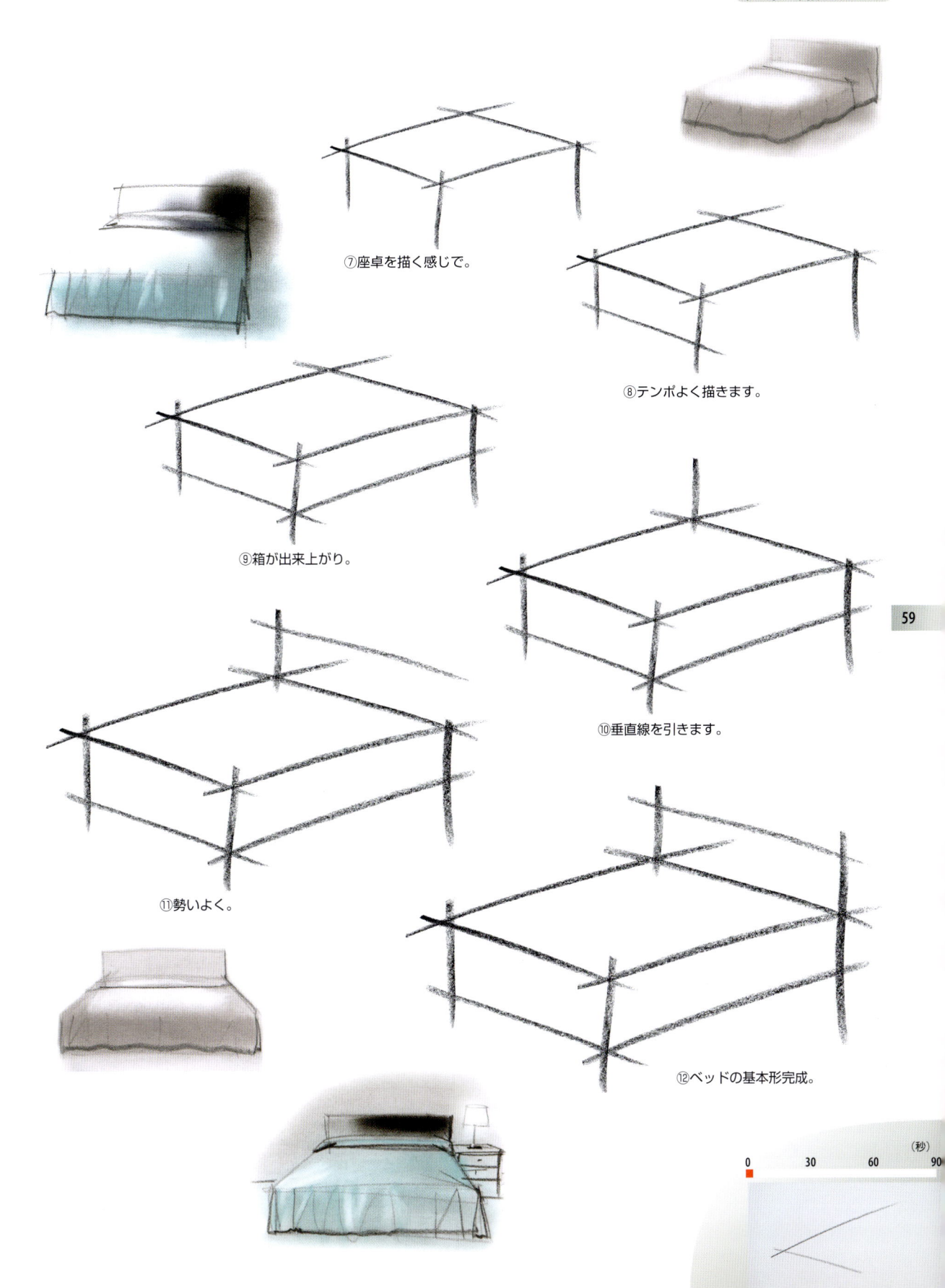

⑦座卓を描く感じで。

⑧テンポよく描きます。

⑨箱が出来上がり。

⑩垂直線を引きます。

⑪勢いよく。

⑫ベッドの基本形完成。

(秒)

ソファを描く

ソファのスタンダード（標準）はほぼベッドと同じ要素で描きます。平たい箱の短手方向に板を付ければベッドになり、長手方向に板を付ければソファになります。10秒ぐらいで描き上げます。

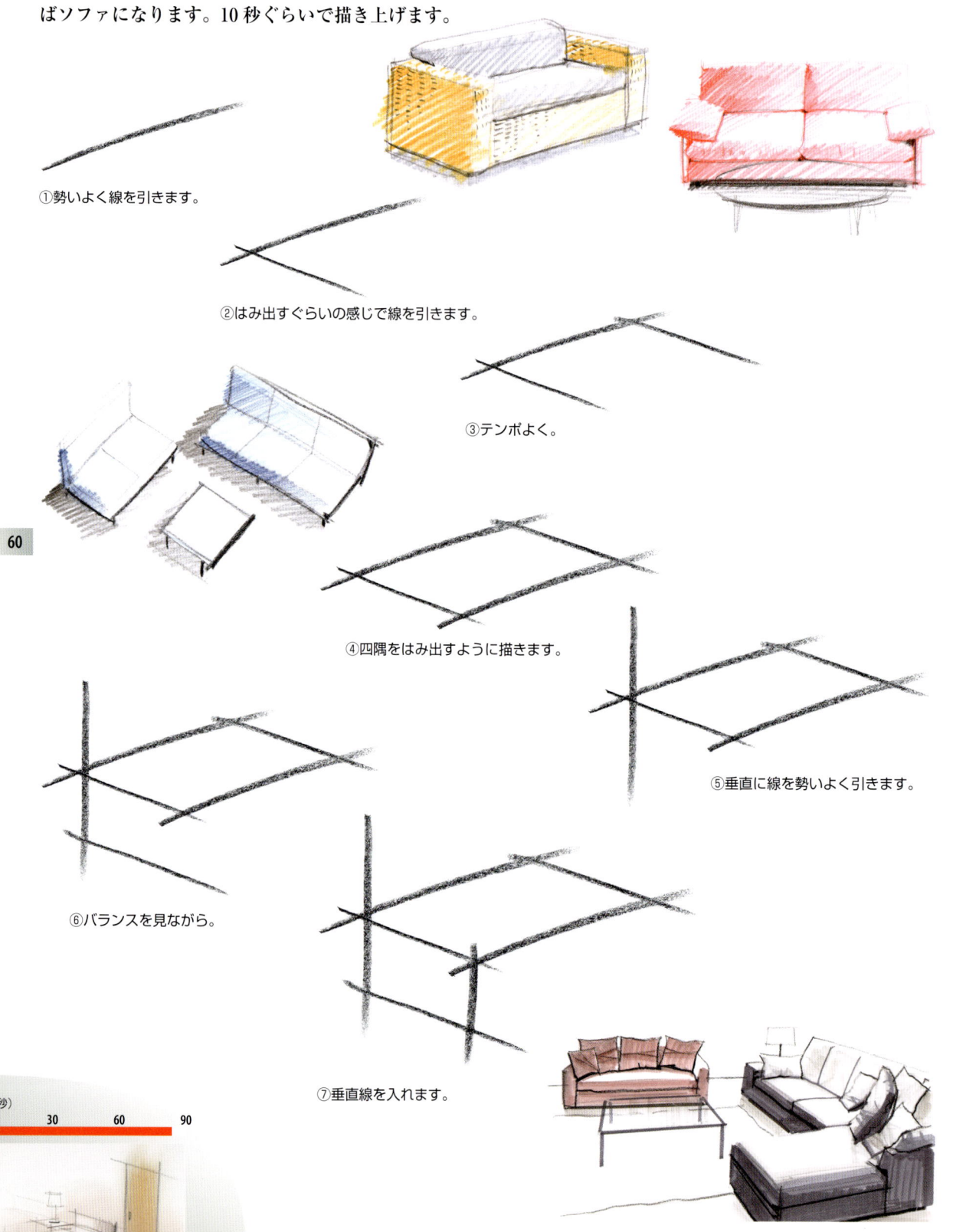

①勢いよく線を引きます。

②はみ出すぐらいの感じで線を引きます。

③テンポよく。

④四隅をはみ出すように描きます。

⑤垂直に線を勢いよく引きます。

⑥バランスを見ながら。

⑦垂直線を入れます。

（秒）
0　　30　　60　　90

第3章　早描きスケッチ

⑧リズム良く描いていきます。

⑨はみ出して描きます。

基本形を組み合わせて描いた
ソファーのコーナーセット。

⑩線が平行になるように。

⑪ソファの基本形完成。

61

キッチンを描く

キッチンのスタンダード（標準）は吊り戸やフードを描かずに調理台と流し、カウンター、コンロ部分のみで構成。15秒ぐらいで描き上げます。扉割りはあえてこの段階では描きません。扉割りは建て主と確認を取りながら少しゆとりを持って後から描くと良いでしょう。

①線を勢いよく引きます。

②はみ出すぐらいの感じで線を引きます。

③リズムよく。

④四隅をはみ出すように勢いよくスピーディに描きます。

⑤垂直に線を引きます。

⑥2本目の垂直線を引きます。

⑦長めのテーブルのイメージ。

⑧テンポよく。

⑨羊羹のイメージ。

⑩勢いをつけて。

第3章 早描きスケッチ

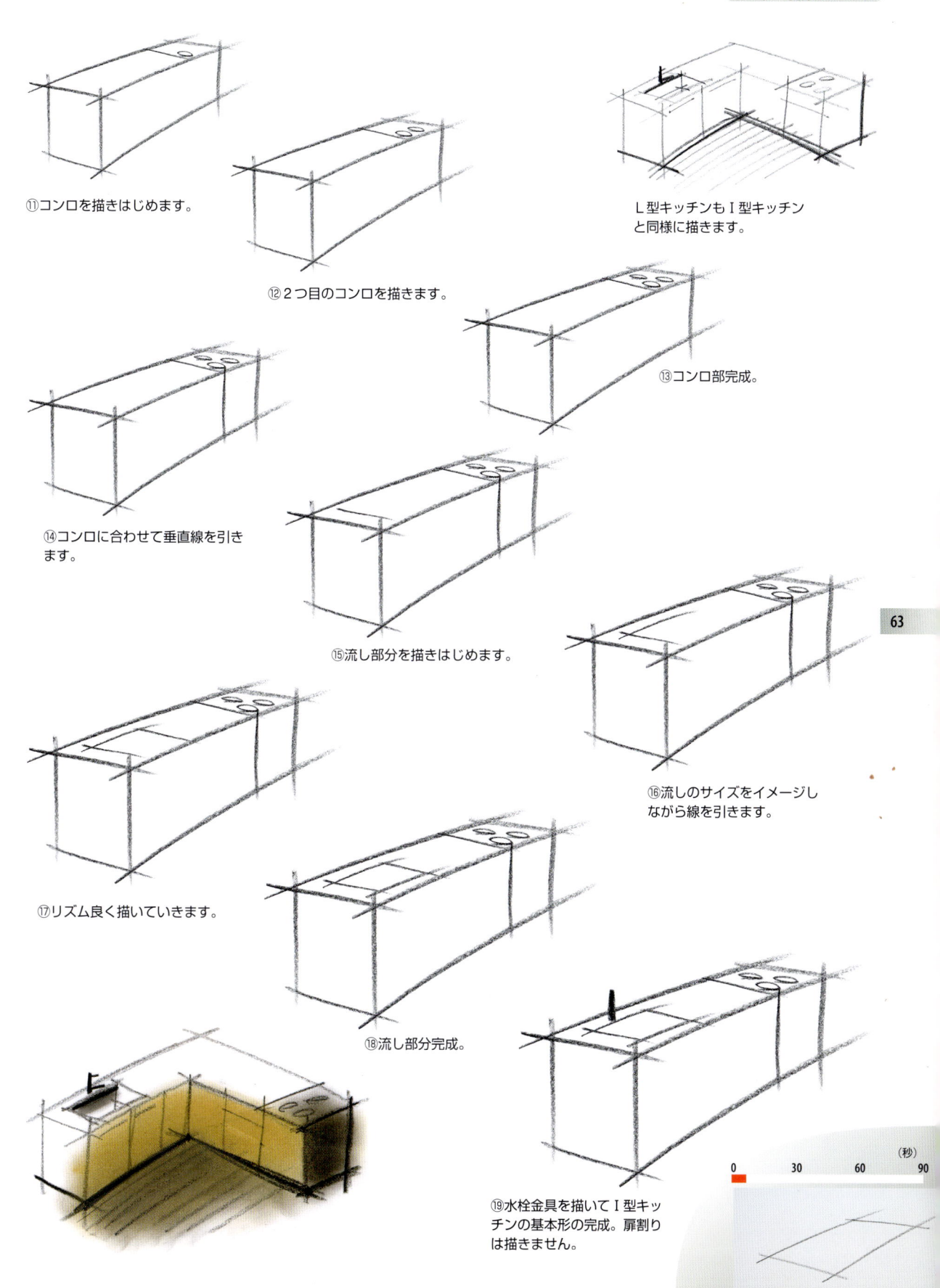

⑪コンロを描きはじめます。

⑫2つ目のコンロを描きます。

L型キッチンもI型キッチンと同様に描きます。

⑬コンロ部完成。

⑭コンロに合わせて垂直線を引きます。

⑮流し部分を描きはじめます。

⑯流しのサイズをイメージしながら線を引きます。

⑰リズム良く描いていきます。

⑱流し部分完成。

⑲水栓金具を描いてI型キッチンの基本形の完成。扉割りは描きません。

(秒)
0　30　60　90

洗面化粧台を描く

洗面化粧台はほぼ椅子を描く要領で描くといいでしょう。構成は鏡、カウンター、台、洗面ボール、水栓金具です。思いっきり省略して描きます。15秒ぐらいで描き上げるのが目安です。

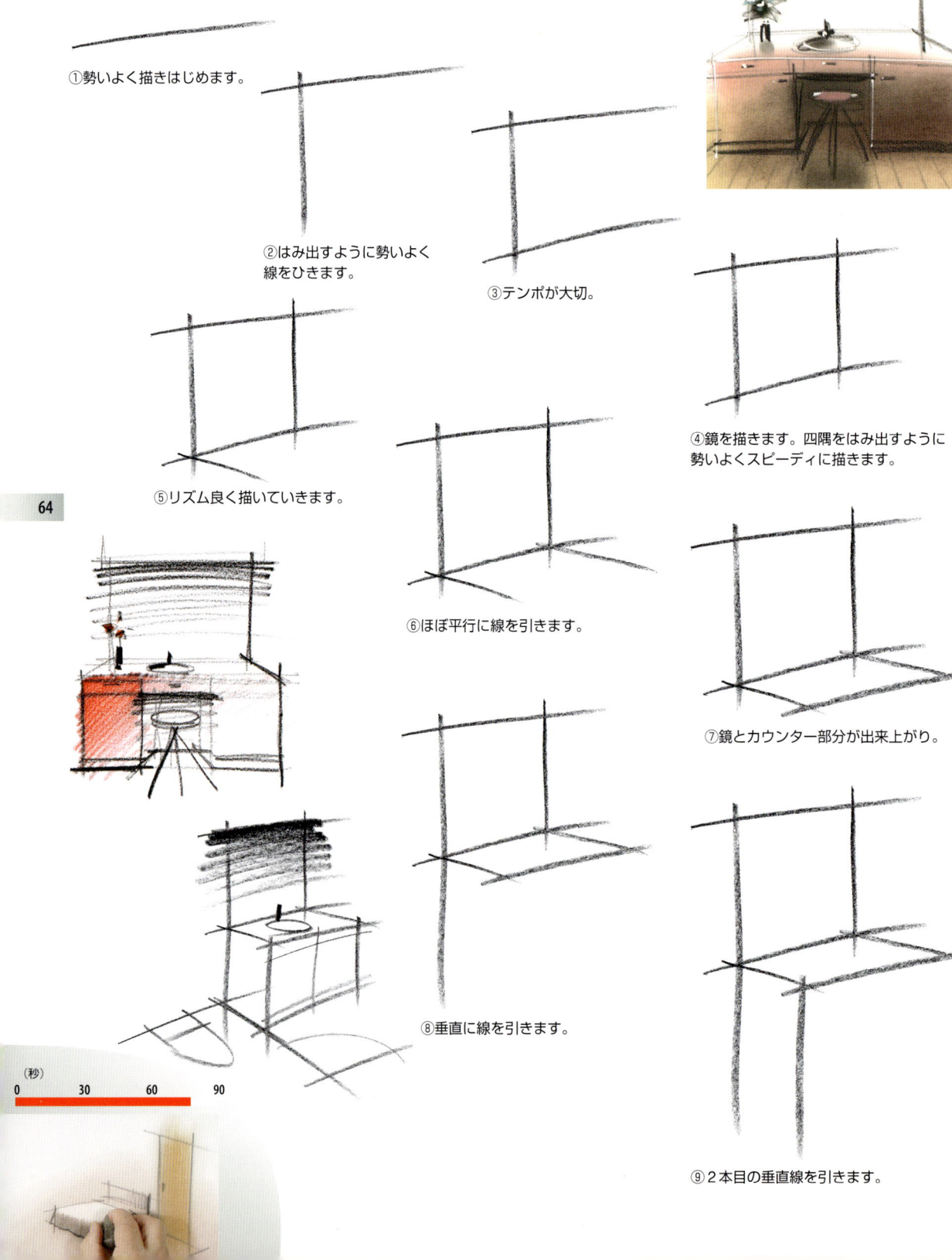

①勢いよく描きはじめます。

②はみ出すように勢いよく線をひきます。

③テンポが大切。

④鏡を描きます。四隅をはみ出すように勢いよくスピーディに描きます。

⑤リズム良く描いていきます。

⑥ほぼ平行に線を引きます。

⑦鏡とカウンター部分が出来上がり。

⑧垂直に線を引きます。

⑨2本目の垂直線を引きます。

(秒) 0 30 60 90

第3章 早描きスケッチ

⑩ほぼ椅子を描くような感じで。

⑪リズム良く描いていきます。

⑫台の部分が出来上がり。

⑬洗面ボウルを描きます。

⑭水栓金具を描き入れて基本形完成。
扉割りなどは描き入れません。

(秒)
0　　30　　60　　90

バスタブを描く

バスタブのスタンダード（標準）はティッシュペーパーの箱を描くような感じで表現するといいでしょう。10秒ぐらいで描き上げます。

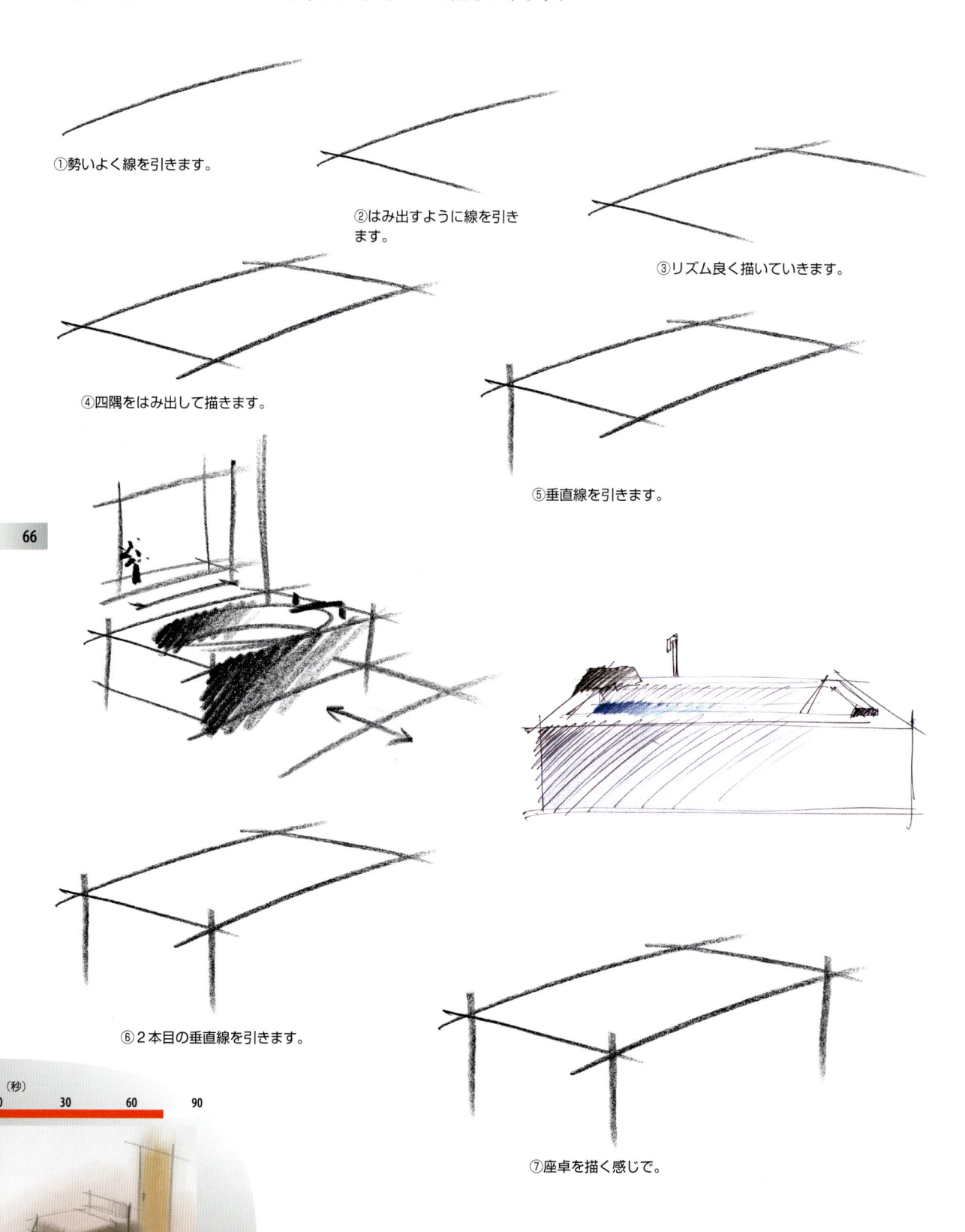

①勢いよく線を引きます。

②はみ出すように線を引きます。

③リズム良く描いていきます。

④四隅をはみ出して描きます。

⑤垂直線を引きます。

⑥2本目の垂直線を引きます。

⑦座卓を描く感じで。

(秒)
0　　30　　60　　90

第3章　早描きスケッチ

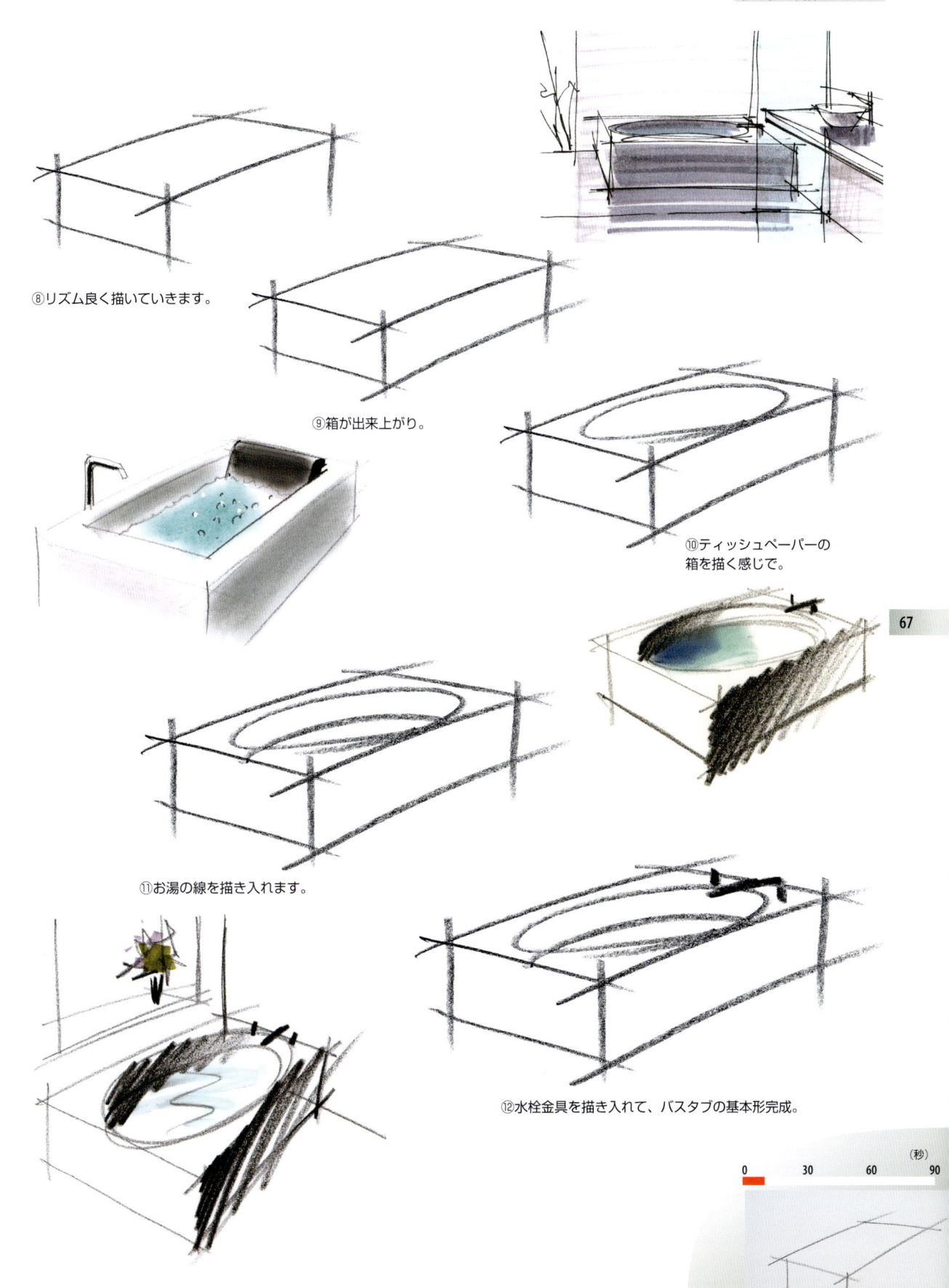

⑧リズム良く描いていきます。

⑨箱が出来上がり。

⑩ティッシュペーパーの箱を描く感じで。

⑪お湯の線を描き入れます。

⑫水栓金具を描き入れて、バスタブの基本形完成。

(秒)
0　　30　　60　　90

カーテンを描く

カーテンはバランスのとりかたがポイントになります。勢いよく一気に描きますが、出来るだけゆったりとした感じに仕上げましょう。10秒ほどで描き上げます。

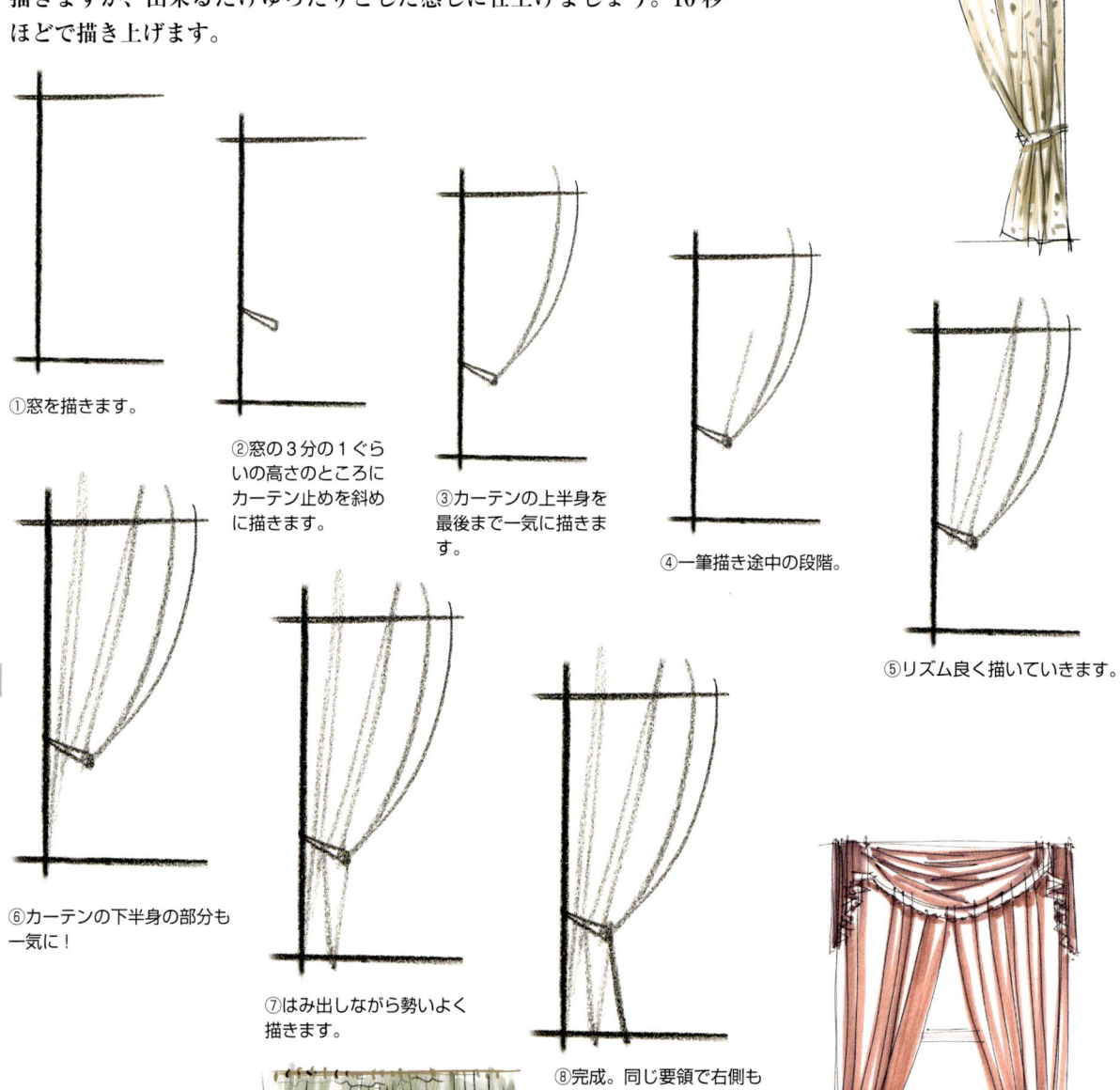

①窓を描きます。

②窓の3分の1ぐらいの高さのところにカーテン止めを斜めに描きます。

③カーテンの上半身を最後まで一気に描きます。

④一筆描き途中の段階。

⑤リズム良く描いていきます。

⑥カーテンの下半身の部分も一気に！

⑦はみ出しながら勢いよく描きます。

⑧完成。同じ要領で右側も描き上げます。

(秒)
0 30 60 90

第4章
コミュニケーション・スケッチ

建て主との打ち合わせ現場で活用できるコミュニケーション・スケッチ。建て主の目の前で会話しながらスケッチを描きコミュニケーションをとります。

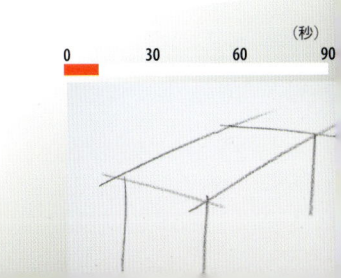

ポイントは「図面を斜めに描く」こと

建て主とコミュニケーションをとりながら描いた平面図を見ながら、斜めに写し取り、それを立体にして、さらに室内空間にしていきスケッチを完成させます。

三方に出来た角度（120度）の線が基本になります。

三方に出来た角度（120度）の線で表現した空間の基本形。

カーテンや床の線を描くとより部屋のイメージがわいてきます。

①ダイニングテーブルや食器棚などの家具を描き込んだ簡単な平面図を描きます。

②平面図を見ながら簡単に図面を斜めに描き写します。

③垂直に柱を立てます。

④窓を入れていきます。

⑤家具を立ち上げます。

⑥カーテンや家具などを描き込みます。

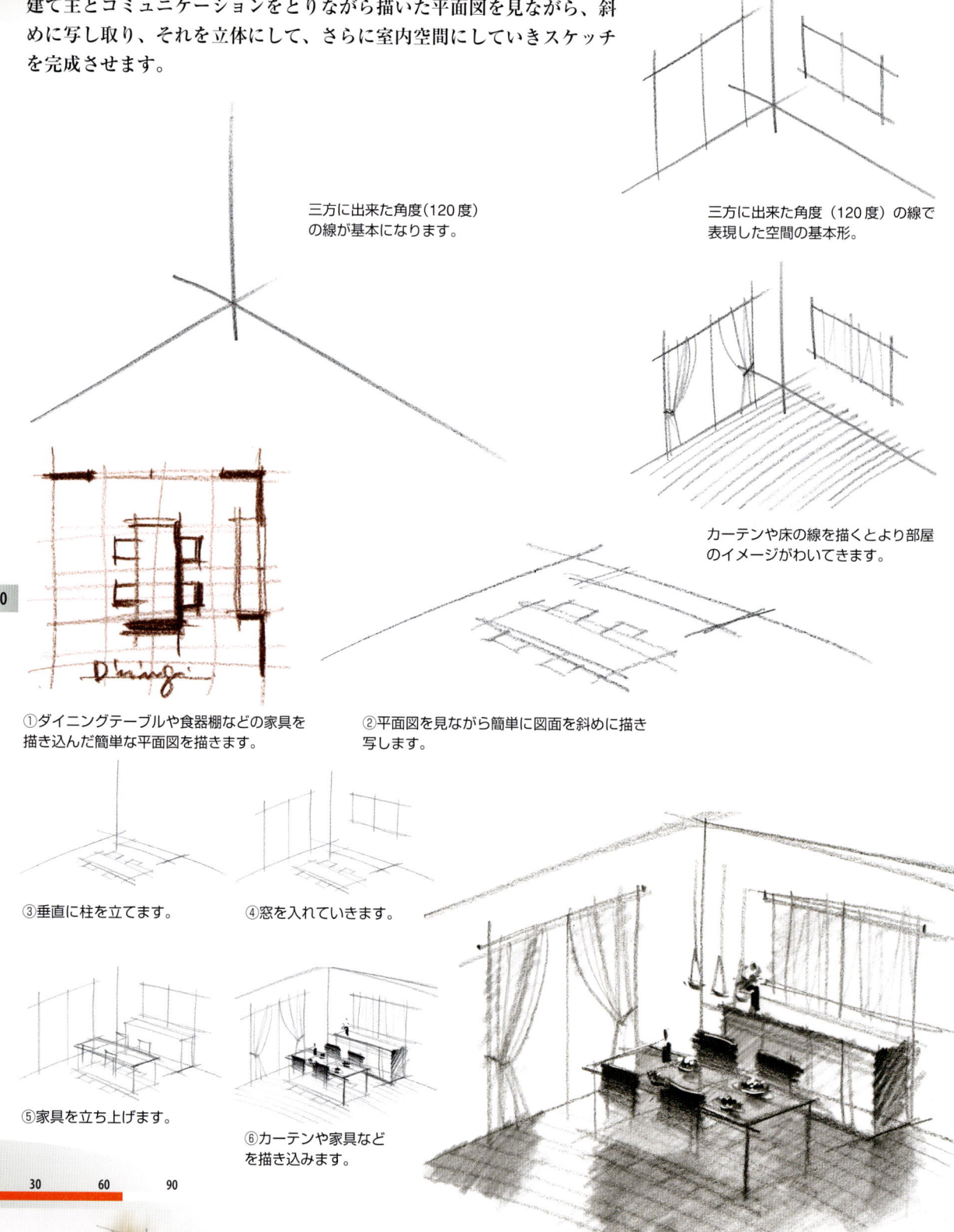

⑦床に映り込みや影を付けて完成（色鉛筆使用）。

（秒）
0　30　60　90

第4章 コミュニケーション・スケッチ

①リビングボード、ソファなどの家具を描き込んだ簡単な平面図を描きます。

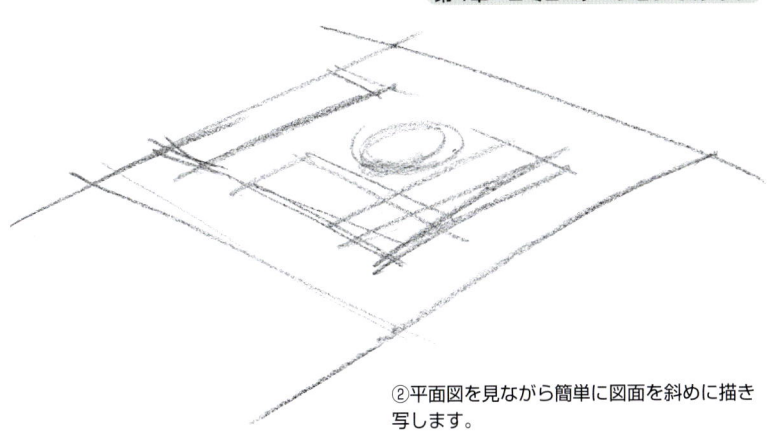

②平面図を見ながら簡単に図面を斜めに描き写します。

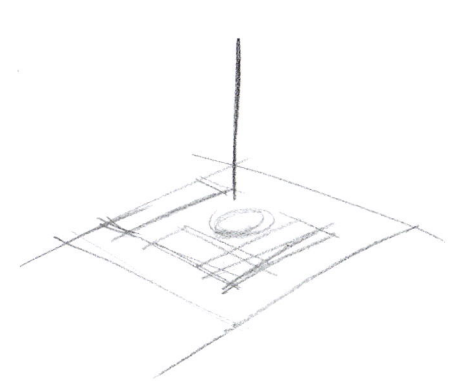

③垂直に柱を立てます。

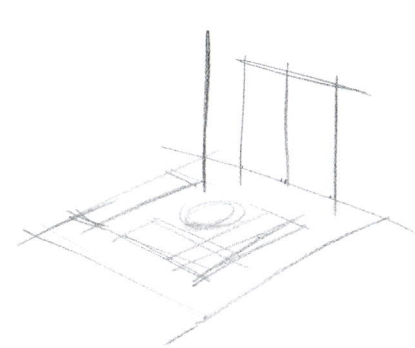

④掃き出し窓を描きます。

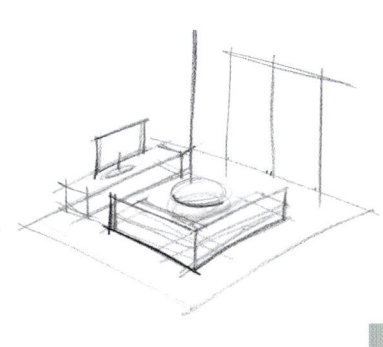

⑤ソファやリビングボード、TVを立ち上げます。

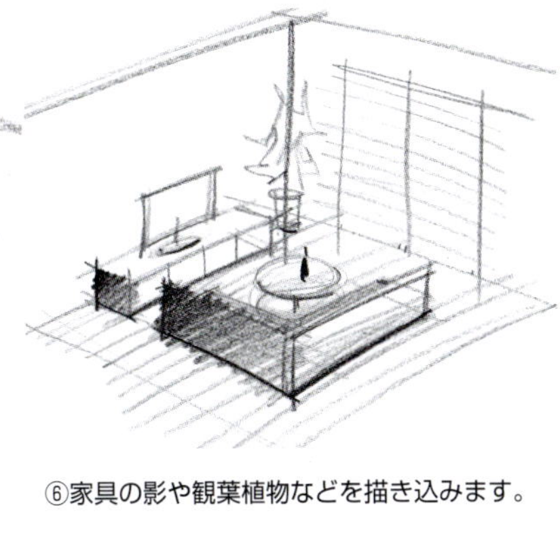

⑥家具の影や観葉植物などを描き込みます。

⑦床の映り込みを描いて完成（色鉛筆使用）。

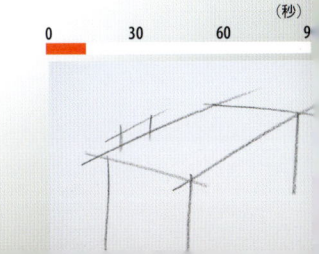

①平面図にストレートタイプのキッチンダイニングを簡単に描きます。

②平面図を見ながら簡単に図面を斜めに描き写します。

③垂直に柱を立てます。

④掃き出し窓を描きます。

⑤バランスを考えながらキッチンダイニングを立ち上げます。

⑥陰やカーテン、床のラインを描き込みます。

⑦さらに床の上の影などを描き込んでスケッチを完成させます（色鉛筆使用）。

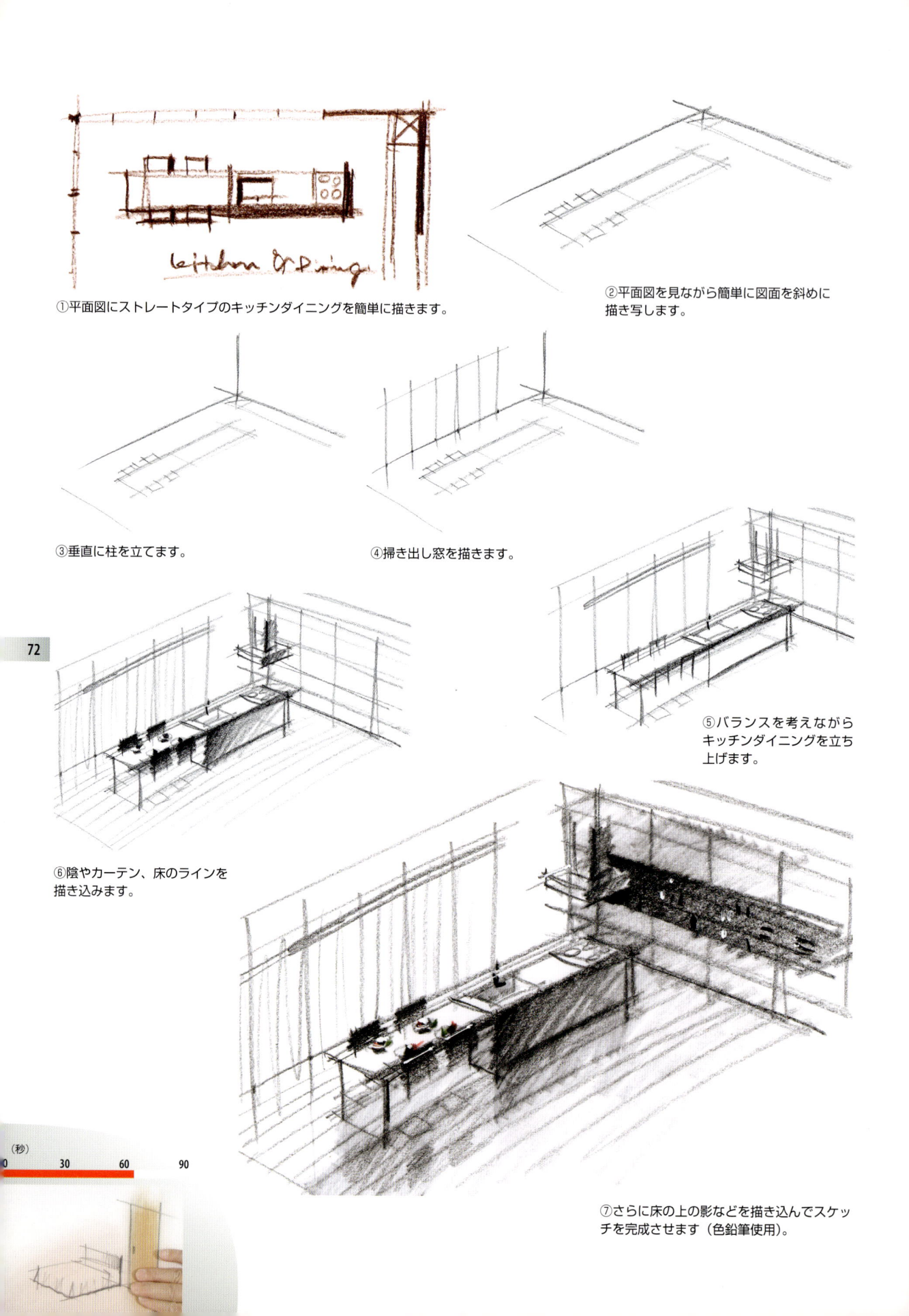

第4章 コミュニケーション・スケッチ

①対面タイプのキッチンダイニングの平面プラン。

②平面図を見ながら簡単に図面を斜めに描き写します。

③垂直に柱を立てます。

④ドアや窓を描き込みます。

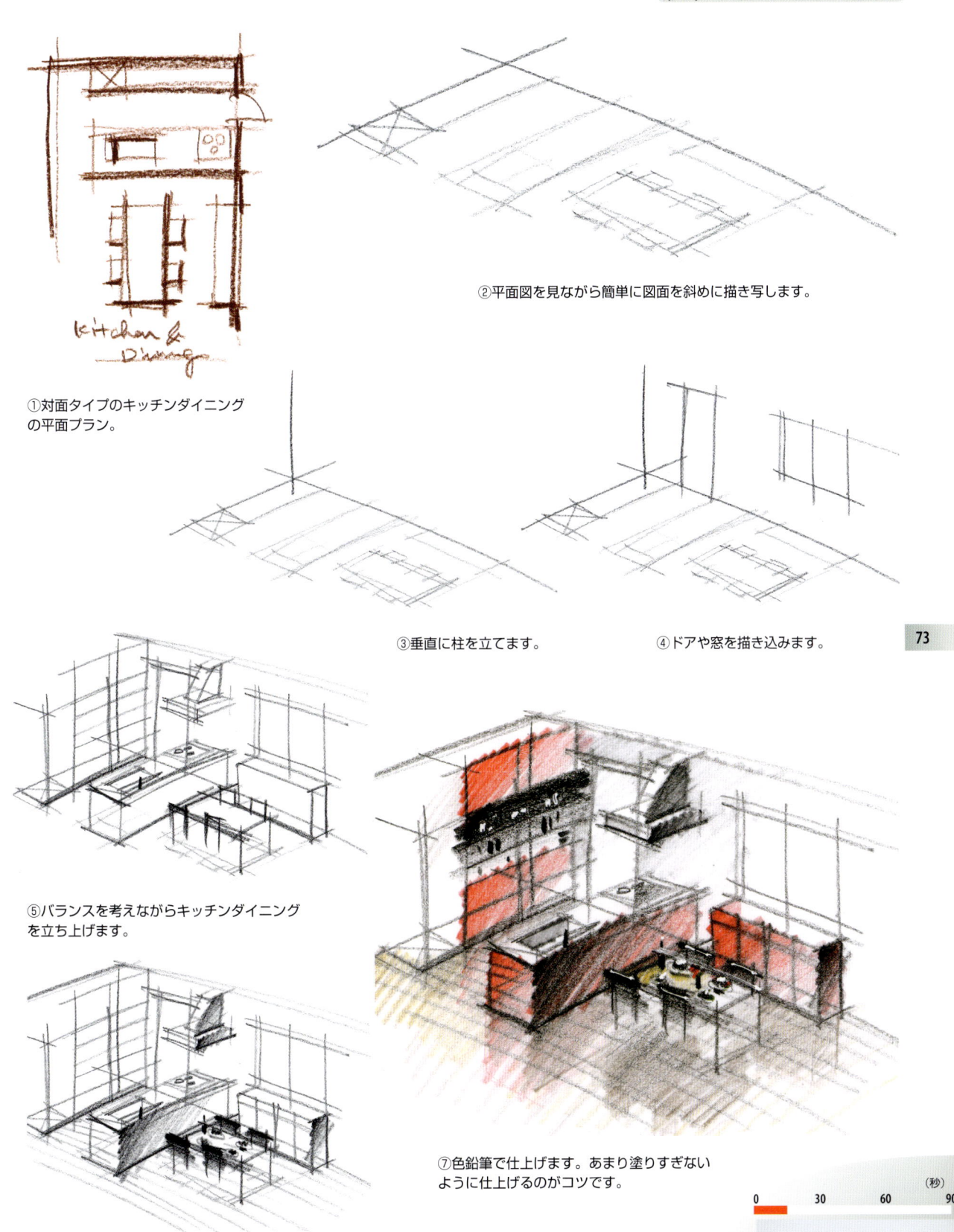

⑤バランスを考えながらキッチンダイニングを立ち上げます。

⑥陰などを付けると雰囲気がでます。

⑦色鉛筆で仕上げます。あまり塗りすぎないように仕上げるのがコツです。

(秒)
0　30　60　90

「簡易1消点透視図法」の基本

パースの代表的な表現手法である「1消点透視パース」を描くための基本をフリーハンドではなく定規を使って解説します。ここでは8畳（3,600㎜×3,600㎜）を描いてみます。実際の建て主の目の前ではここで紹介するような細かいプロセスでの描き方はしません。この描き方をしっかり覚えることによって現場で描けるようになります。

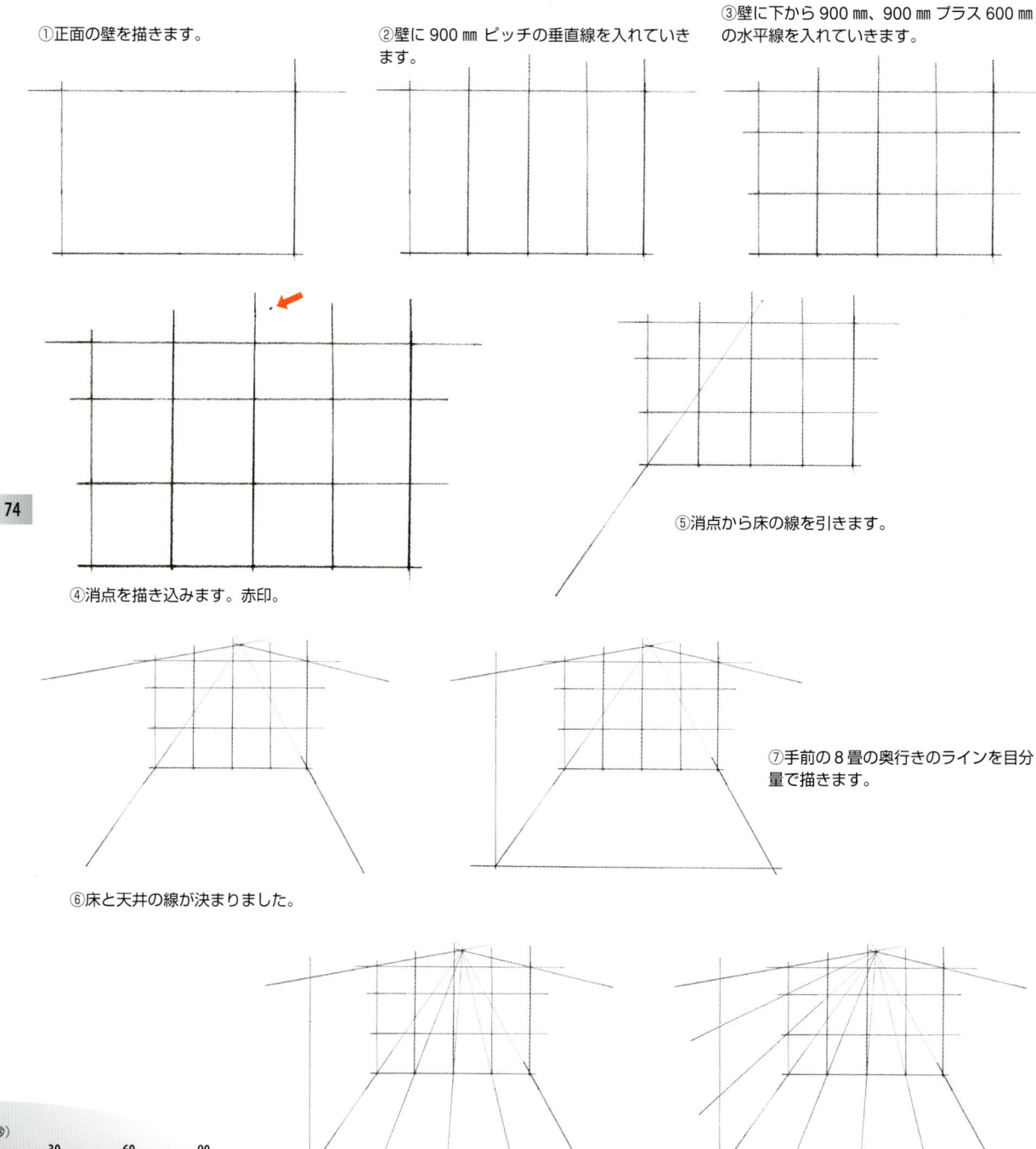

①正面の壁を描きます。

②壁に900㎜ピッチの垂直線を入れていきます。

③壁に下から900㎜、900㎜プラス600㎜の水平線を入れていきます。

④消点を描き込みます。赤印。

⑤消点から床の線を引きます。

⑥床と天井の線が決まりました。

⑦手前の8畳の奥行きのラインを目分量で描きます。

⑧床に900㎜ピッチの線を入れます。

⑨壁に下から900㎜、900㎜プラス600㎜ピッチの線を入れます。

(秒)
0　30　60　90

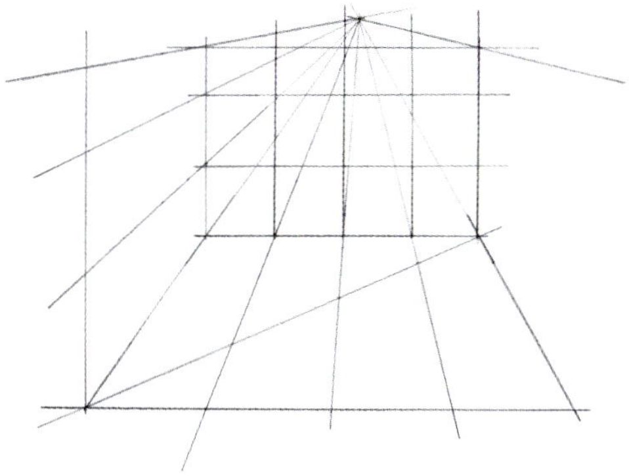

第4章 コミュニケーション・スケッチ

⑫対角線（赤線）と床に引いた真ん中の線（赤線）の交わったところが真ん中の奥行きになります（青線）。

⑩床に斜めの対角線を引きます。

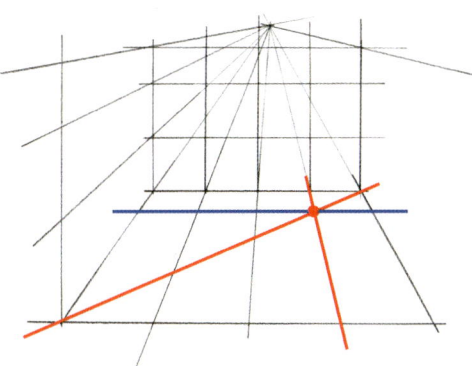

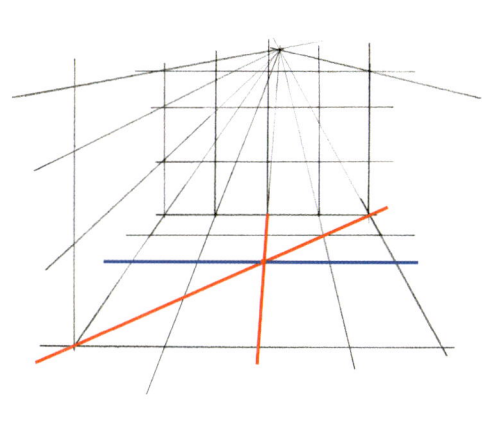

⑬同様に奥行きのラインを描いていきます。

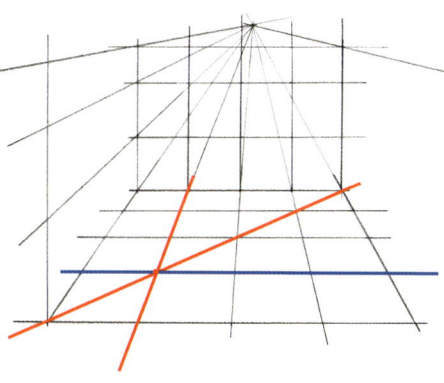

⑪対角線（赤線）と床に引いた線（赤線）の交わったところが一番奥の 900 ㎜ の奥行きになります（青線）。

⑭床の奥行きが出来たので左側の壁に 900 ㎜ ピッチの垂直線を入れていきます。

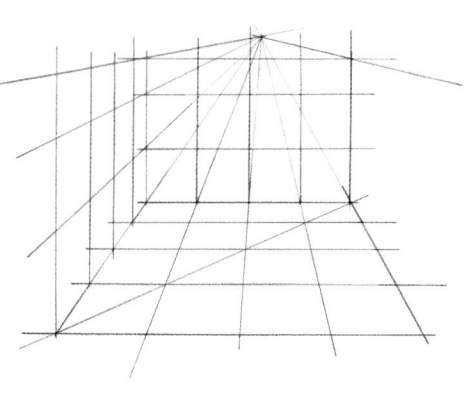

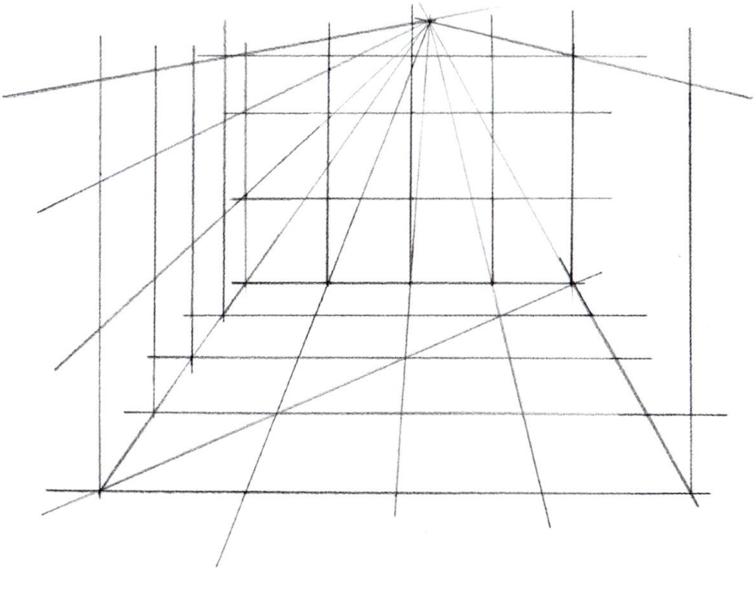

⑮右手前に垂直線を入れてパースを描くための空間ガイド完成。必要に応じて右側の壁にもグリッドを入れます。

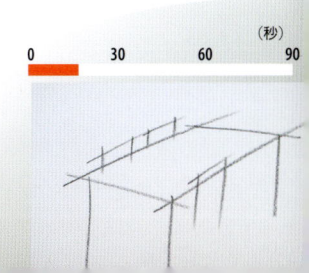

75

(秒)
0 30 60 90

トライ！ リビングを描く

①前ページ(p74、p75)で学んだことを元に定規を使わずにフリーハンドで簡単なガイドを描いていきます。消点は高め（2,700㎜～3,000㎜）に取ります。

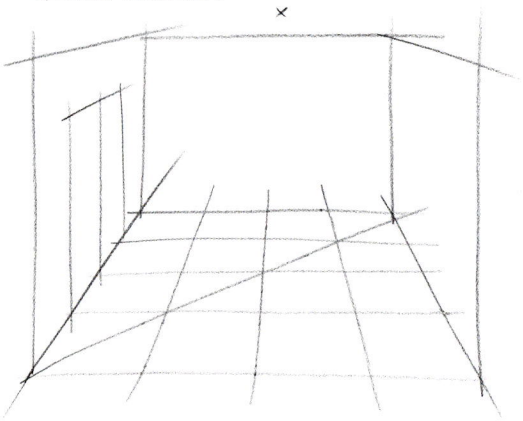

②左下図の赤く描いた900㎜ピッチのグリッドにそって家具を配置します。

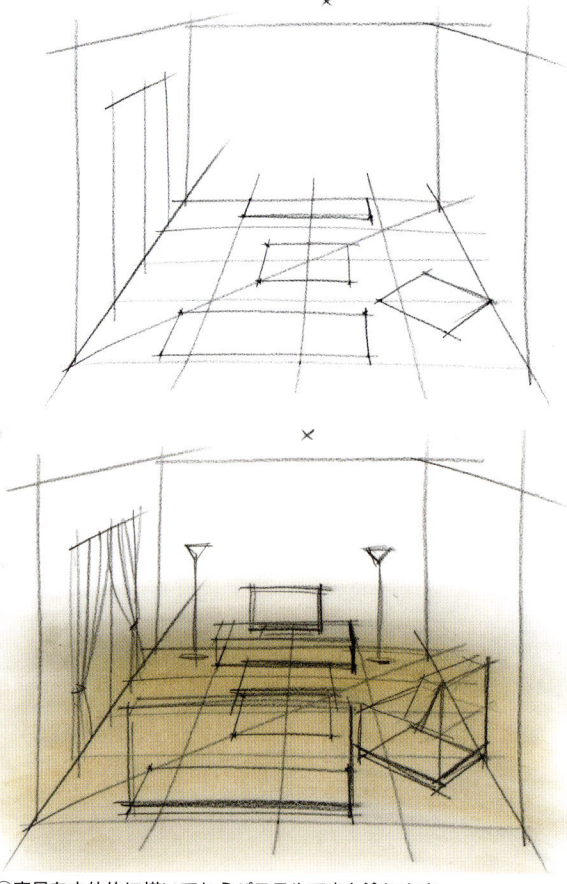

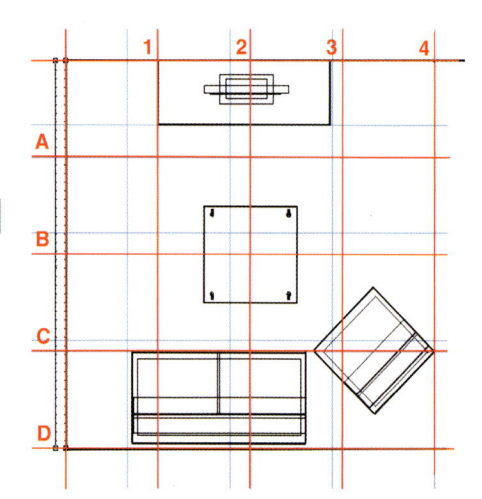

パースを描くためのガイドになるように平面図に900㎜ピッチのグリッドを描き込みます（横軸1、2、3、4、縦軸A、B、C、Dは家具や設備の番地のような役割になります）。

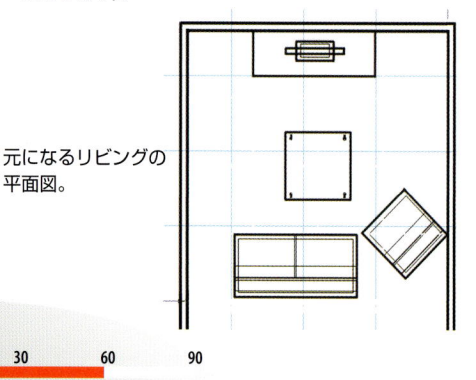

③家具を立体的に描いてからパステルで床を塗ります。

元になるリビングの平面図。

④床に掃き出し窓の映り込みやソファの陰を描き込みます。

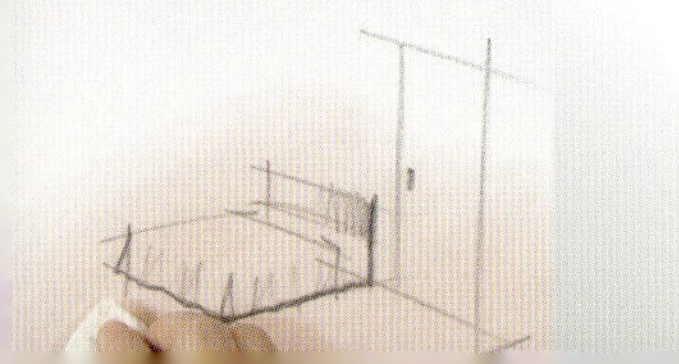

トライ！ キッチン＆ダイニングを描く

第4章　コミュニケーション・スケッチ

①前ページ（p74、p75）で学んだことを元に定規を使わずにフリーハンドで簡単なガイドを描いていきます。消点は人目線（1,600㎜程度）で取ります。

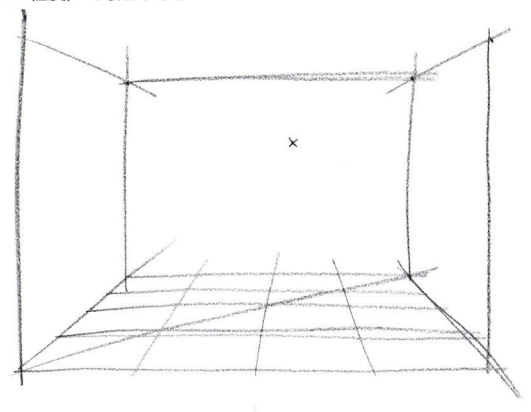

②下図の赤く描いた900㎜ピッチのグリッドにそってキッチンダイニングを配置します。

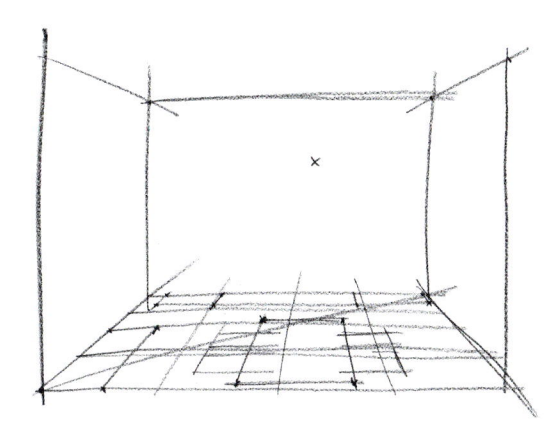

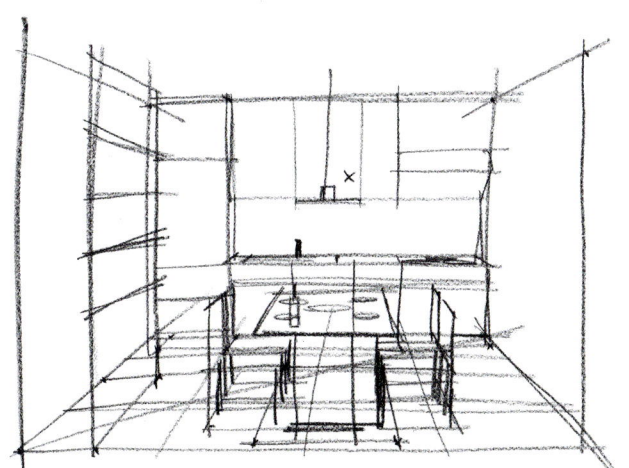

③パースの着彩をするための下絵を描きます。高さ関係は目分量で。

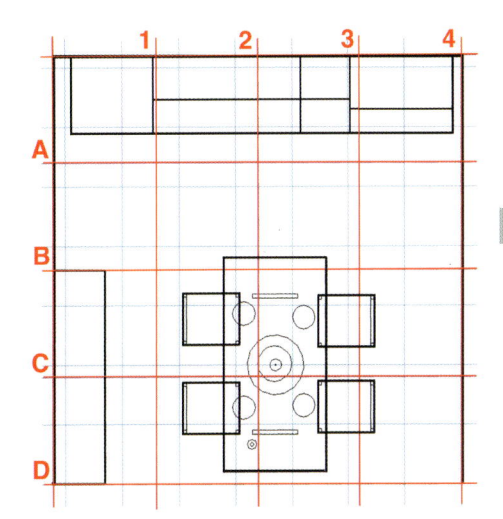

パースを描くためのガイドになるように平面図に900㎜ピッチのグリッドを描き込みます（横軸1、2、3、4、縦軸A、B、C、Dは家具や設備の番地のような役割になります）

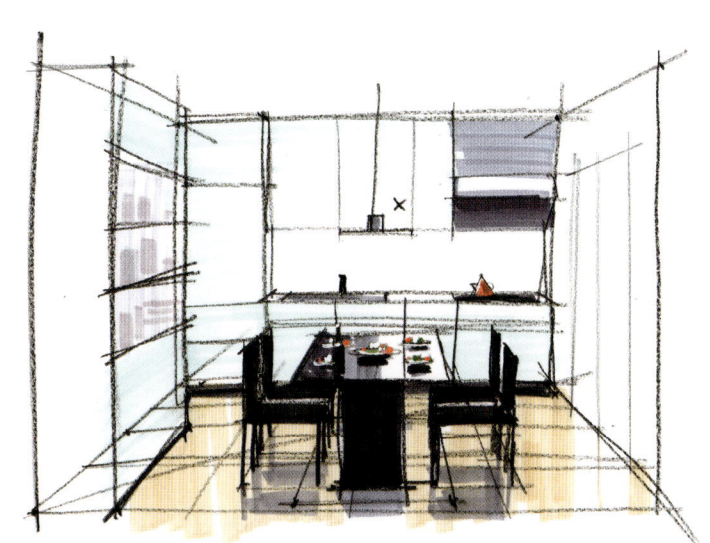

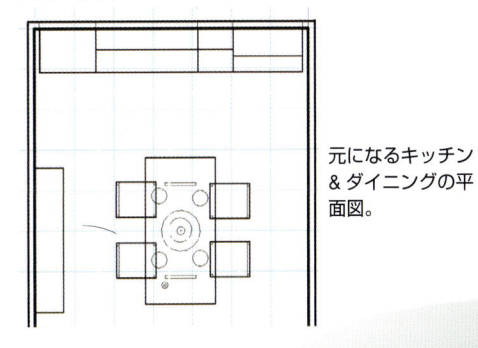

元になるキッチン＆ダイニングの平面図。

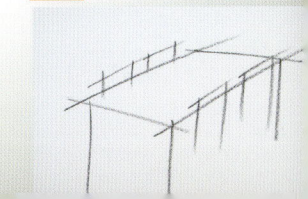

④マーカー（コピック）で着彩。あまり塗りすぎないように注意。

トライ！ベッドルームを描く

①前ページ（p74、p75）で学んだことを元に定規を使わずにフリーハンドで簡単なガイドを描いていきます。消点は高め（2,700㎜〜3,000㎜）に取ります。

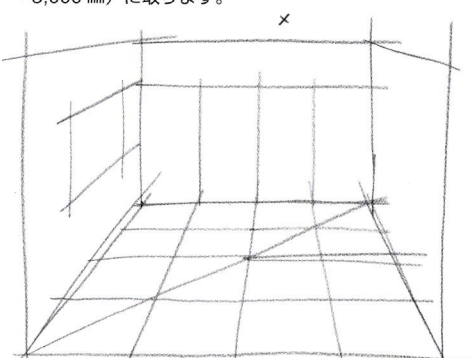

②左下図の赤く描いた900㎜ピッチのグリッドにそって家具を配置します。

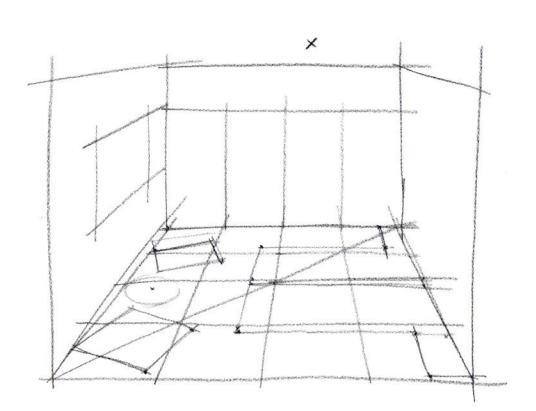

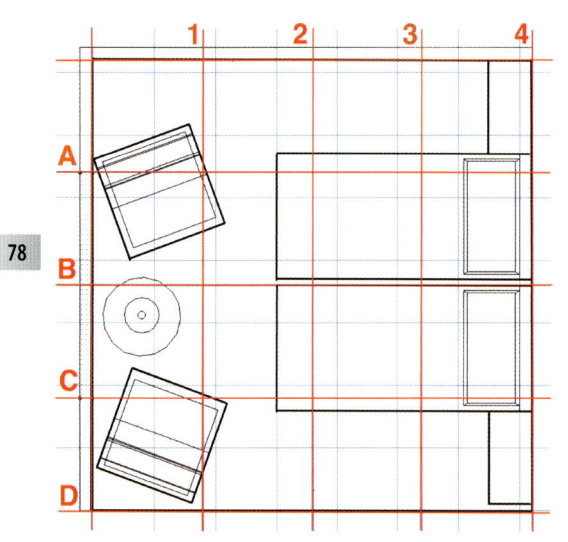

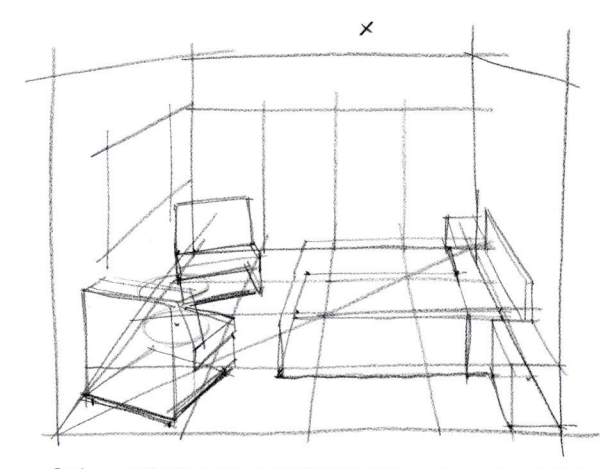

パースを描くためのガイドになるように平面図に900㎜ピッチのグリッドを描き込みます（横軸1、2、3、4、縦軸A、B、C、Dは家具や設備の番地のような役割になります）。

③パースの着彩をするための下絵を描きます。家具の高さ関係は目分量で。

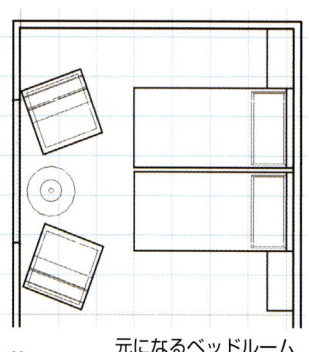

元になるベッドルームの平面図。

④色鉛筆で描く場合はメリハリをしっかりつけます。

描くときは視点の取り方が重要

第4章　コミュニケーション・スケッチ

スケッチはどこから見て描くかによって伝わり方が変わってきます。相手に何を伝えたいかを考えてスケッチ（パース）の視点を決めます。同じリビング空間のプランニングでも視点を変えて描くと印象がだいぶ違います。

このスケッチは平面図の赤矢印部分から見た1消点透視パースです。
ほぼ正面の掃き出し窓の真ん中に消点をとって描いています。この視点で描くとこのリビング空間の壁3面、床1面、天井1面の計5面を表現できます（この空間の6面中5面が表現できる）。壁や床や天井の仕様を伝えるのに向いています。
パースの基本になる消点も1つでいいので比較的習得しやすい手法です。
落ち着きと安定感のある雰囲気が表現できます。

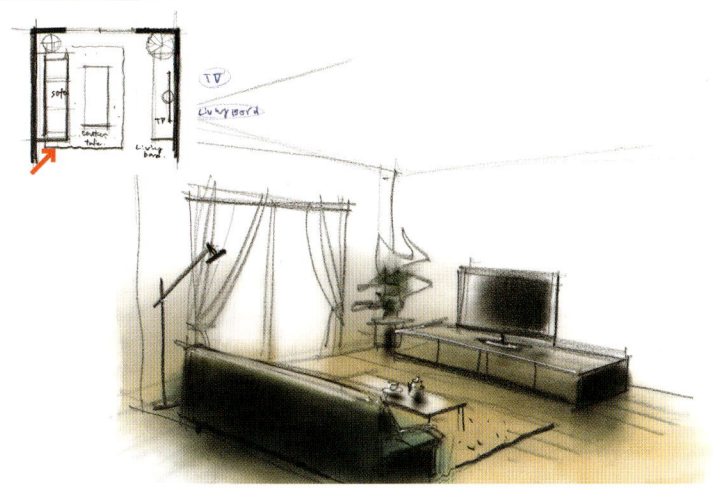

このスケッチは平面図の赤矢印部分から見た2消点透視パースです。
この視点から見て描くとテレビが主役になります。
ソファにくつろいで映画を見たりテレビを見るイメージが表現出来ます。
この視点で描くと壁2面と床、天井の計4面の表現が可能です。

このスケッチは平面図の赤矢印部分から見た2消点透視パースです。
この視点から見て描くとソファが主役になります。
ソファとそれをとりまく空間が手に取るようにわかります。
この視点で描くと壁2面と床、天井の計4面の表現が可能です。

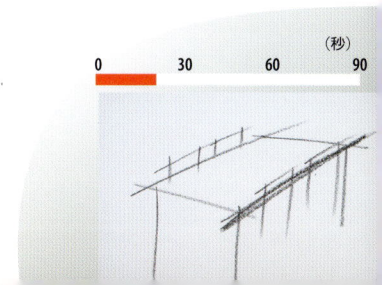

実戦！リビングを描く

ここのポイントは、開口部（掃き出し窓）を画面の中央に持ってくることによって、逆光で描くことができ、気持ちのいい空間になります。

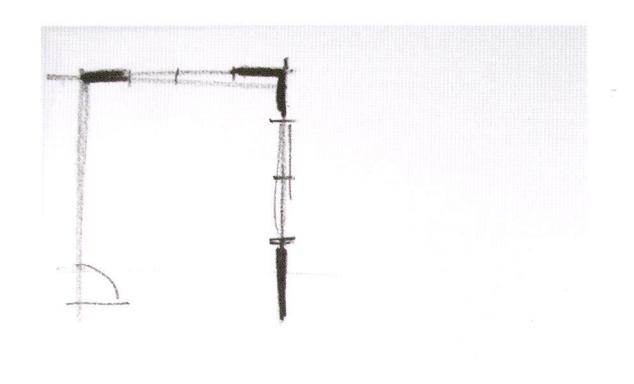

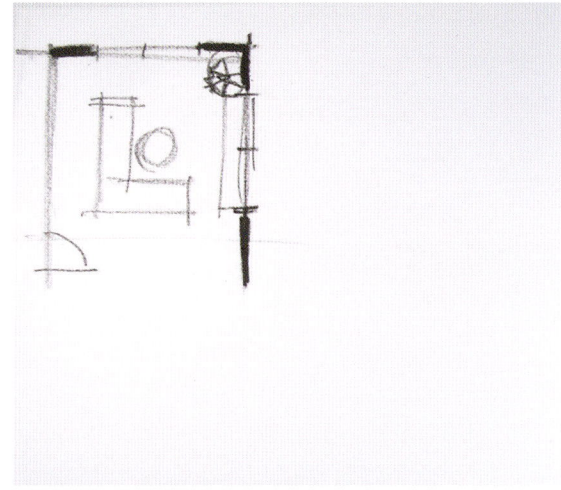

①打ち合わせをしながらリビングの平面図を簡単に描きます。

②家具のレイアウトをします。

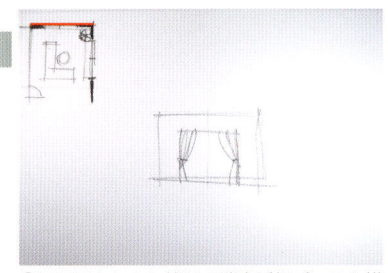

③平面図をもとに簡易1消点透視パースを描き始めます。中央にリビングの掃き出し窓のある壁面（平面図の赤部分）を描きます。

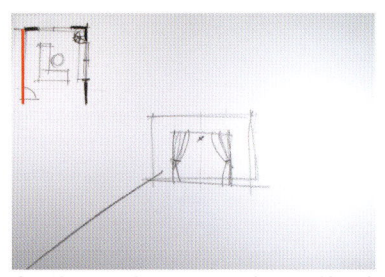

④目線をやや高めにとって壁と床の境の線（平面図の赤部分）を描きます。

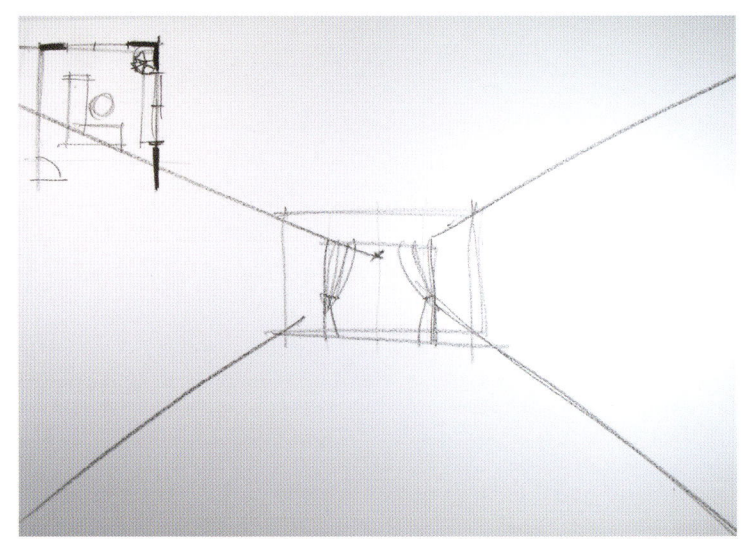

⑤同様に壁、天井、床の線を描きます。

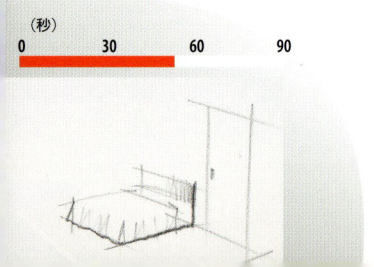

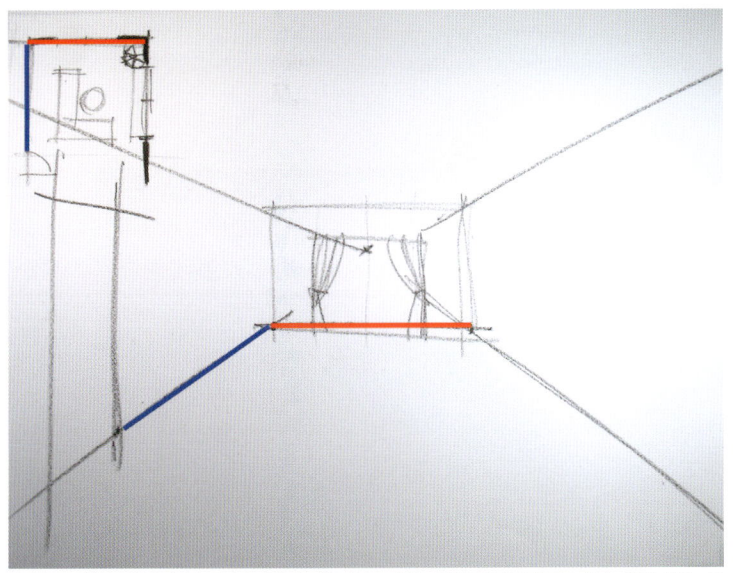

第4章 コミュニケーション・スケッチ

⑥ドアの位置は平面図を参考に正面の壁（赤い線）の間口とほぼ同じ寸法（青い線）にして位置を決めドアの外枠を描きます。

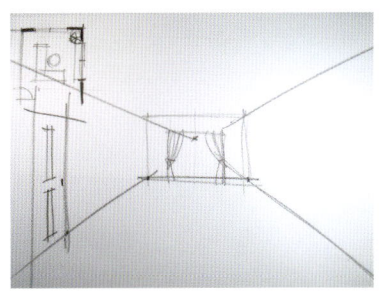

⑦ドアの特徴を大まかに描きます。

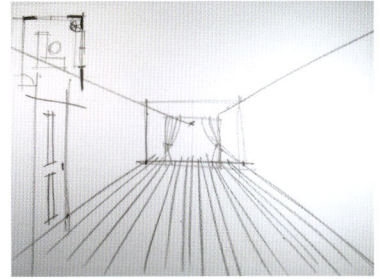

⑧床の板張りの線をスピーディに描きます。

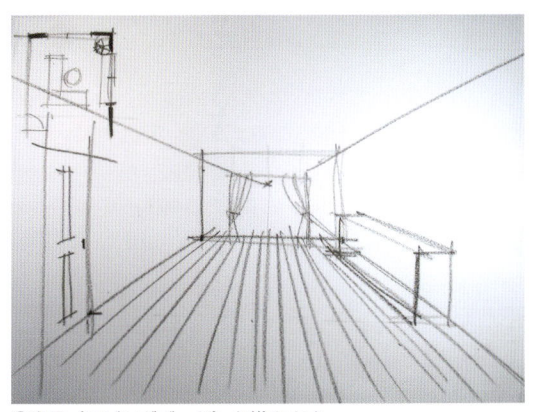

⑨家具（リビングボード）を描きます。

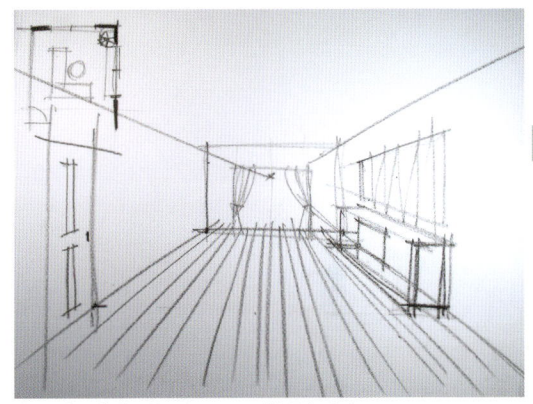

⑩リビングボードの中にテレビを入れます。

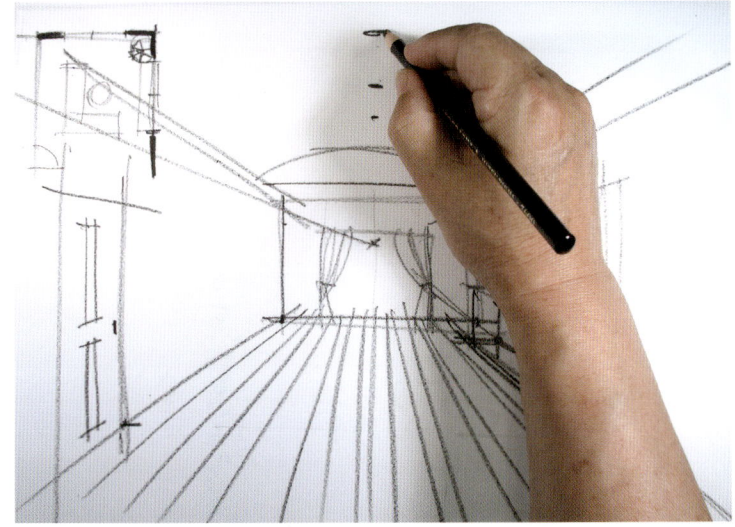

⑪天井の照明（ダウンライト）を描きます。

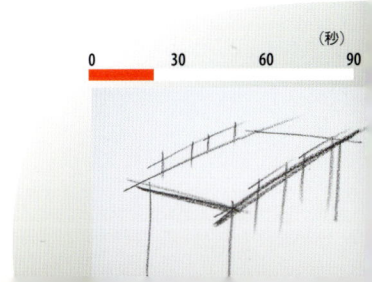

| 0 | 30 | 60 | 90 (秒) |

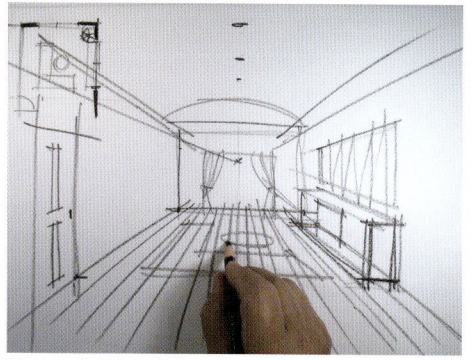

⑫ソファを配置します。

⑬ソファを立ち上げます。

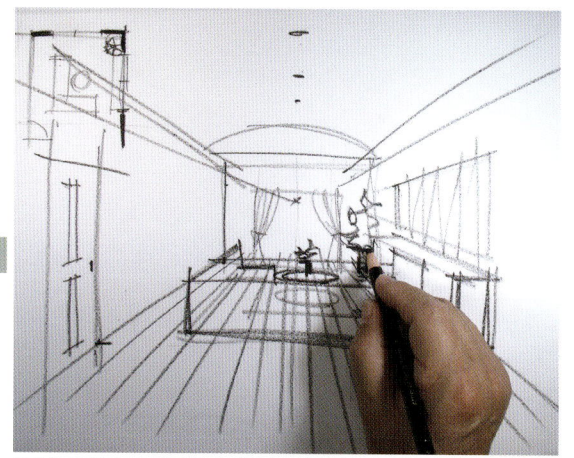

82

⑭全体のバランスを考えながら花や観葉植物を描きます。

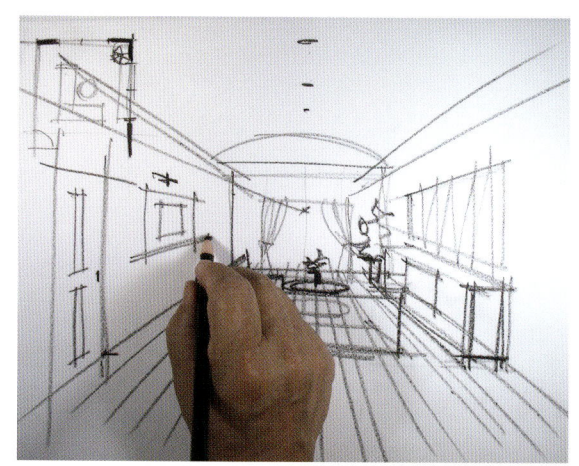

⑮左側の壁が物足りなかったので額を描き絵を入れることにしました。

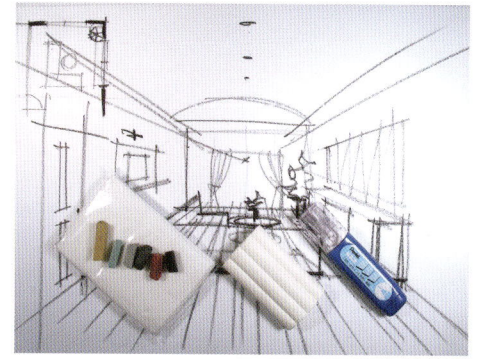

⑯スピード着彩するための画材(ティッシュペーパー、パステル、練り消しゴム、修正液)を用意。

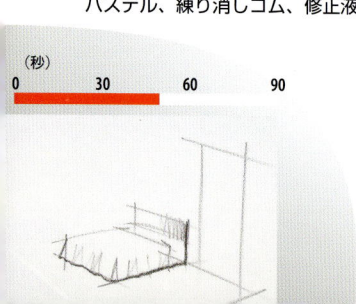

(秒)
0　　30　　60　　90

⑰床を大胆にパステルで塗っていきます。

第4章 コミュニケーション・スケッチ

⑱ティッシュペーパーで柔らかくぼかします。

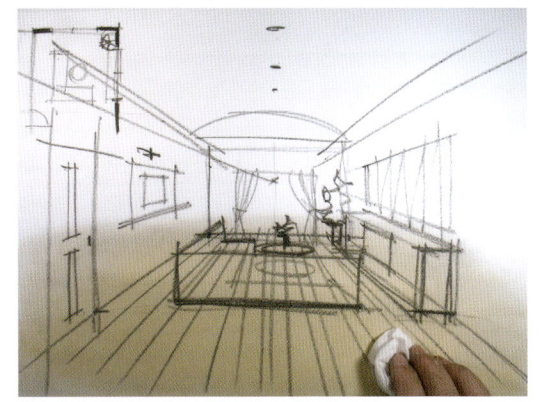

⑲大きく円を描きながらムラなくぼかします。

⑳床に塗ったのと同じパステルの色でリビングボードを塗っていきます。

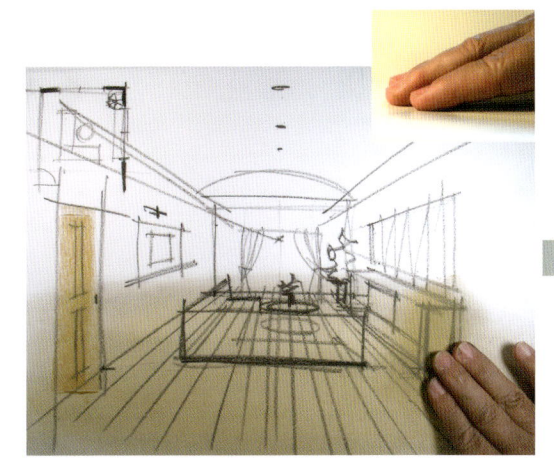

㉒リビングボードを直接指でぼかします（ティッシュペーパーでぼかすより指の方が濃く仕上がります）。

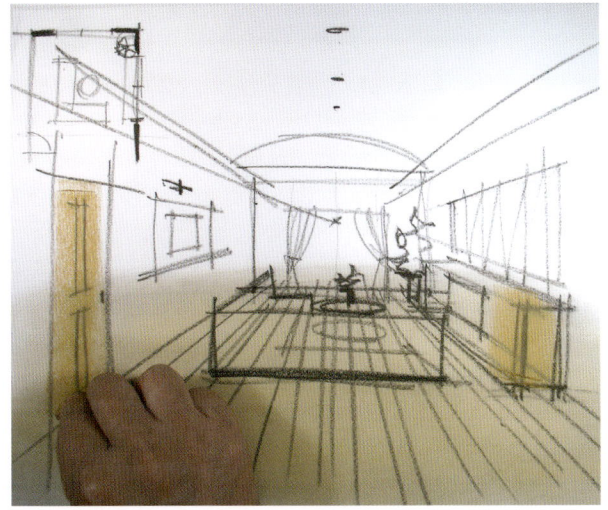

㉑ドアも同様にパステルで塗っていきます。

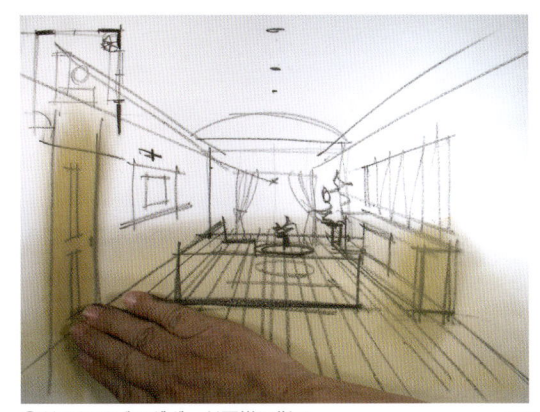

㉓ドアもリビングボード同様に指でぼかします（はみ出して塗ります）。

0	30	60	90
(秒)

㉔ソファをパステルで塗ります。

㉕カーテンをソファと同じ色で塗ります。

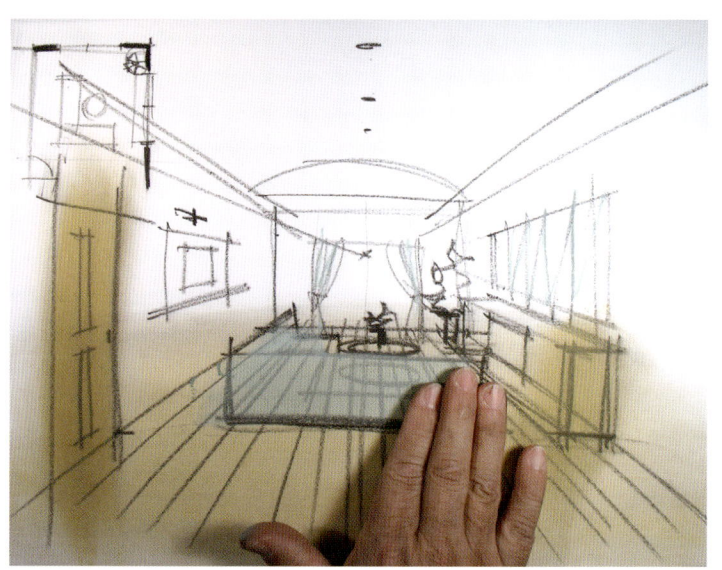

㉖指でソファの背面をぼかします（はみ出し気味に）。

㉗天井をグレーで塗ります。全体を塗らずにアーチの中央を集中的に塗ります。

㉘ティッシュペーパーでぼかします。

(秒)
0　30　60　90

第4章 コミュニケーション・スケッチ

㉙花や観葉植物などをパステルで塗っていきます。

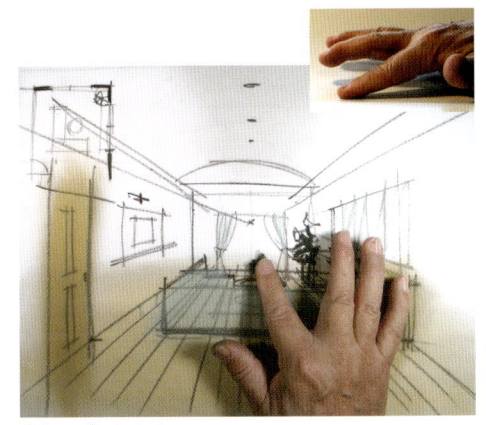

㉚指でぼかします。

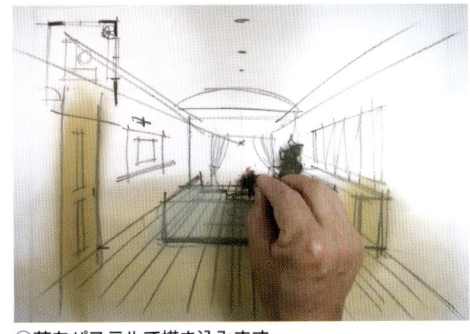

㉛花をパステルで描き込みます。

㉜ソファの背面の陰を黒いパステルで直接描きます。

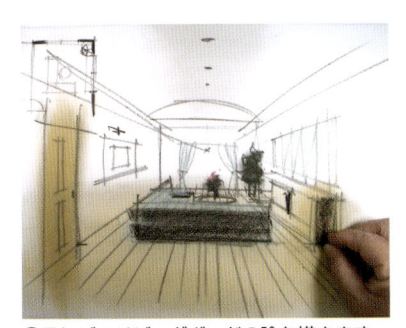

㉝テレビ、リビングボードの陰を描きます。

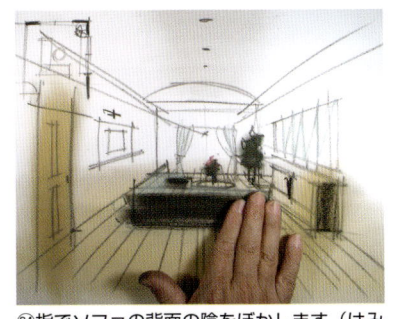

㉞指でソファの背面の陰をぼかします（はみ出し気味に）。

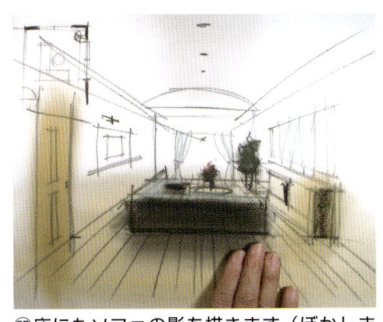

㉟床にもソファの影を描きます（ぼかします）。

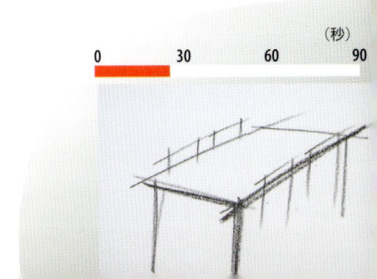

| 0 | 30 | 60 | 90 (秒) |

㊱指でテレビの陰をぼかします。

㊲リビングボードの側面の陰をぼかします。

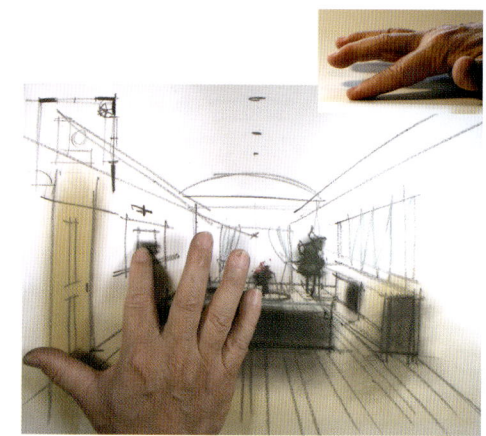

㊳練り消しゴムで床に映り込んだ光を描きます（床に着いたパステルの色を消します）。

㊳壁に掛けてある額の中の絵は影を描くときに指についた汚れ（黒）をこすりつけます。

㊵ソファの映り込みの影をさけながら掃き出し窓の映り込みを練り消しゴムで描いていきます（消していきます）。

㊶リビングボードの映り込みを気にしながら、練り消しゴムで腰高窓の映り込みを抜いていきます。

（秒）
0 30 60 90

第4章 コミュニケーション・スケッチ

㊷着彩終了。全体のバランスを見ながら鉛筆で強調したい線などを修正。

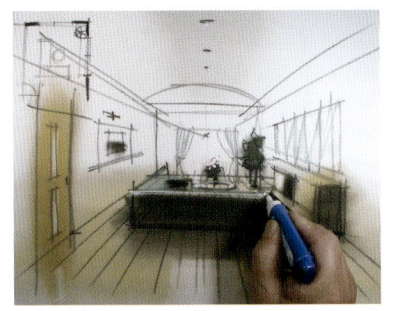

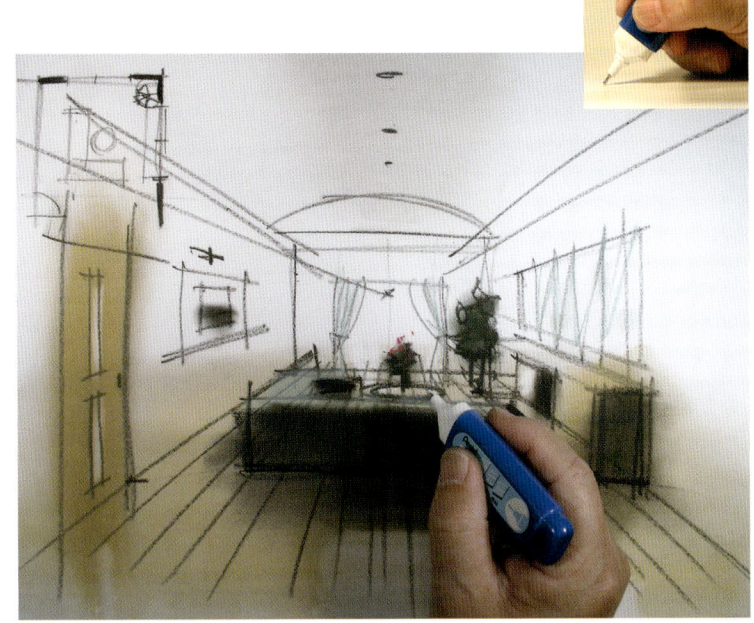

㊸修正液で明るく強調したいところを描いていきます。

㊹修正液でソファの背の上の線を強調します。なお修正液を多用すると品のないスケッチになるので必要最小限にとどめます。

㊺完成。床に映った窓の映り込みを練り消しゴムで抜き、ソファの背面の陰を思いっ切りしっかり黒で塗れるかどうかがポイントです。

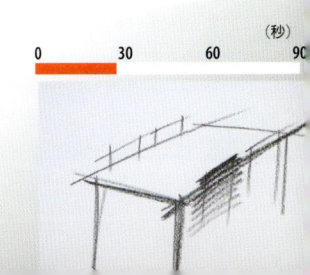

0　　30　　60　　90　(秒)

実戦！ L型キッチンを描く

簡易1消点透視図法で描きます。従来の1消点透視との違いは、大まかな消点は決めますが（消点をあえて描かない場合もあります）、定規などを使って正確に寸法に乗っ取って描くのではなく建て主の求めるイメージをいかに早く伝えるかです。このL型キッチンの場合もキッチンそのものの形を先に描いておいて、次におおよその消点を決めてから周りの空間を描いていきます。

①L型キッチンの簡易平面プランを描きます。

③シンク、コンロ部分を描いてから…

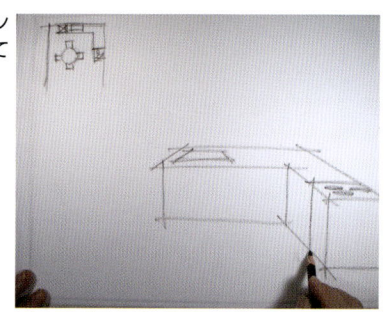

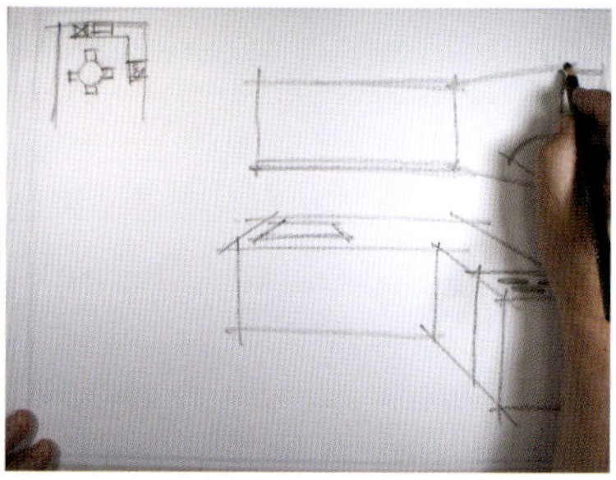

②簡易平面プランを参考にしながらキッチンを描いていきます。

④吊り戸やフードを描いていきます（キッチン全体のバランスを考えながら）。

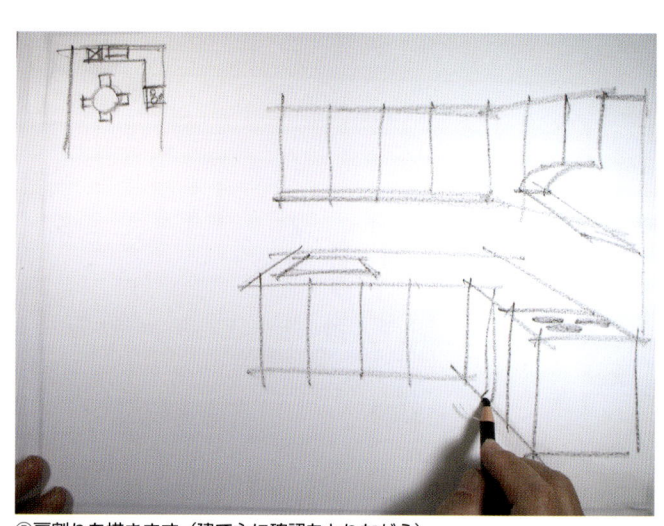

⑤扉割りを描きます（建て主に確認をとりながら）。

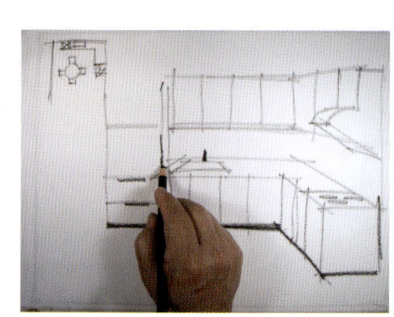

⑥冷蔵庫を描きます。

(秒) 0　30　60　90

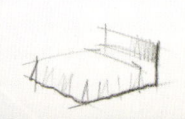

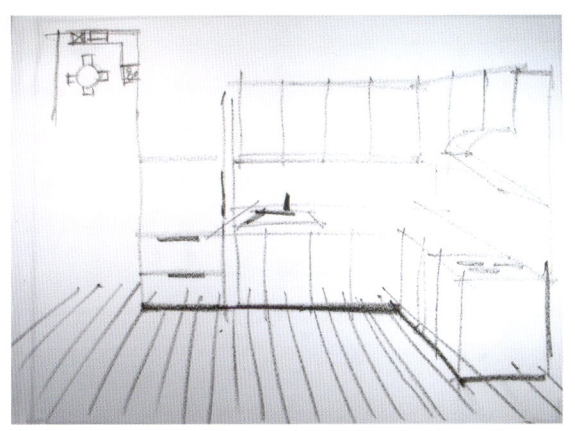

第4章 コミュニケーション・スケッチ

⑦床の板張りの線を入れます（出来るだけ勢いよく描きます）。

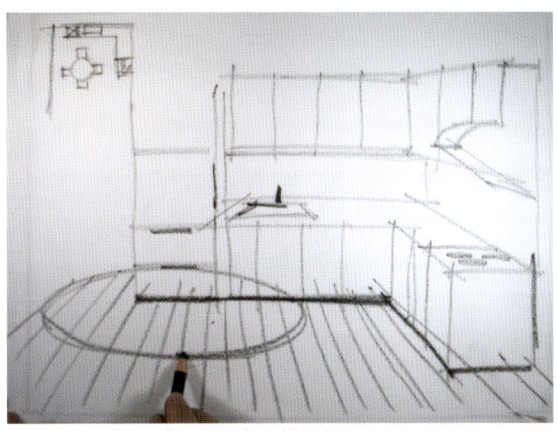

⑧ダイニングテーブル（楕円）を描きます。

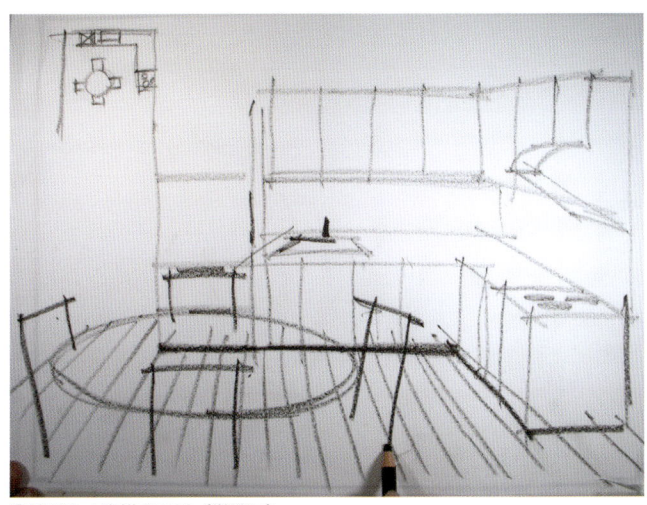

⑨椅子を4脚描きます（単純に）。

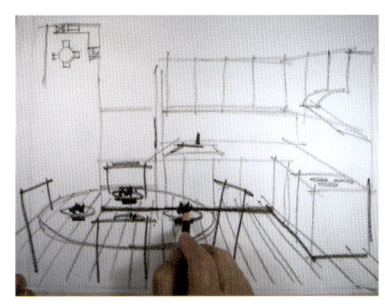

⑩テーブルの上の食べ物を描きます（大胆に）。

⑪ワインの瓶を描きます（単純に）。

⑫花を描きます。下絵はここまで。

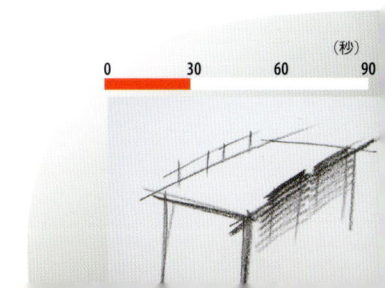

0　30　60　90（秒）

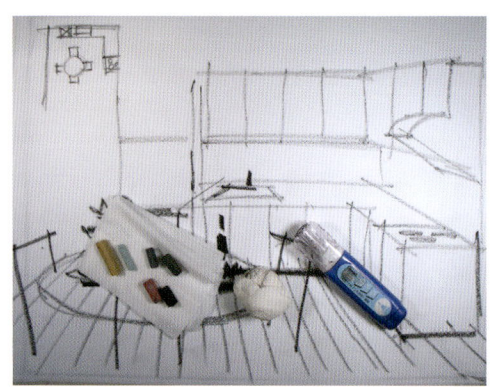

⑬パステルとティッシュペーパー、練り消しゴム、修正液を用意。

⑭床をパステルで直に塗っていきます。

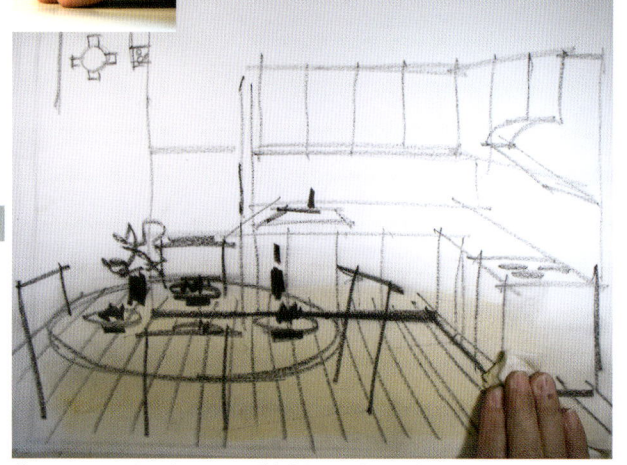

⑮ティッシュペーパーでムラが出来ないようにならします。

⑯パステルでキッチンの扉を塗ります。

⑰ティッシュペーパーでならします（はみ出すぐらいに）。

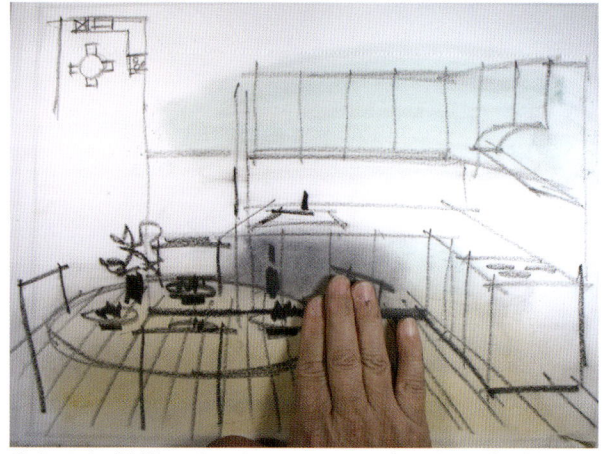

⑱パステル（濃紺）でキッチンのベースキャビネットの一部を塗ります（指でならします）。

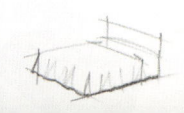

（秒）
0 30 60 90

第4章　コミュニケーション・スケッチ

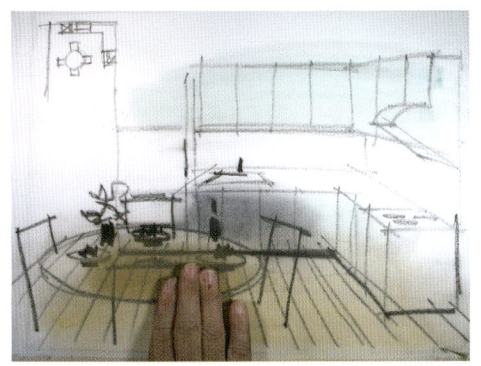

⑲テーブルをパステルで塗り指でぼかします。

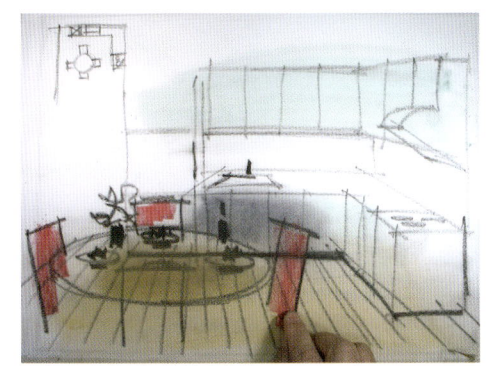

⑳椅子の背をパステルの赤で塗ります。

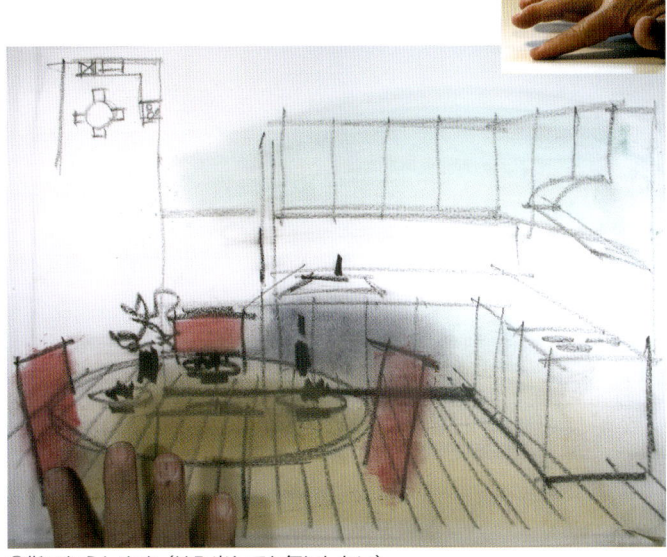

㉑指でならします（はみ出しても気にしない）。

㉒パステルの赤で食べ物を描いていきます。

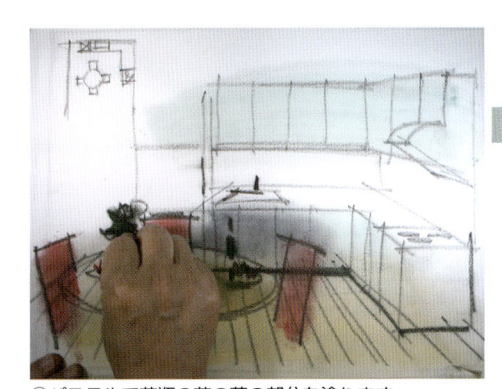

㉓パステルで花瓶の花の葉の部分を塗ります。

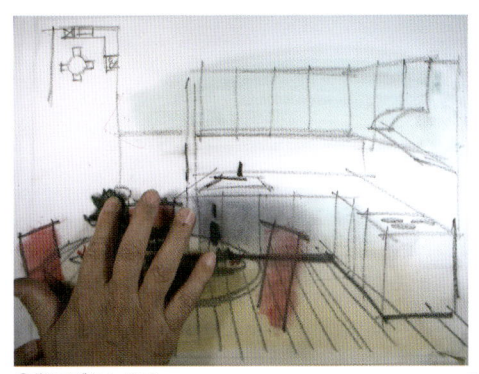

㉔指でぼかします。

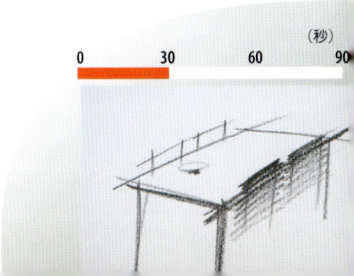

(秒)
0　　　30　　　60　　90

㉕花を赤で塗った後、全体のバランスを見ながらケトルも赤で描きます。

㉖パステルの黒で陰影を描いていきます（テーブルの上の食器や花瓶、ワインの影、椅子の背面、テーブルの影、フードやキッチンのサイド）。特に手前の椅子の背面の黒はポイントとして重要です（絵の中には照明が描いてありませんが、テーブルの上に照明がある設定なので手前の椅子の背面は陰になり、赤ではなく黒で表現します）。

㉗黒く塗った部分を指で馴染ませます。

第4章 コミュニケーション・スケッチ

㉘キッチンの吊り戸の下をグレーで塗ります（キッチン照明を表現するため）。

㉙照明を練り消しゴムで表現（グレー部分の一部を消します）。

㉚床に映った壁の映り込みなどを練り消しゴムで抜いて明暗のメリハリをつけていきます。

㉛修正液を使ってワインの瓶の光っている部分を描きます。

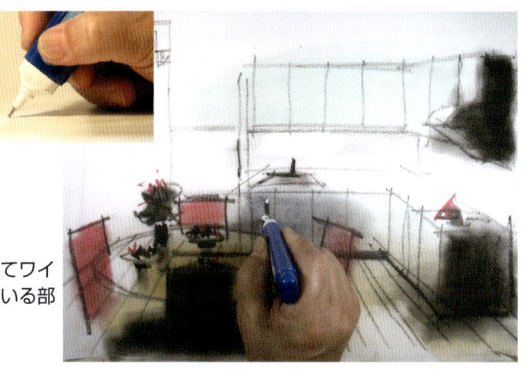

㉜修正液で食べ物、皿の光っている部分を描きます。

㉝修正液で花やテーブルの輪郭を描きます。

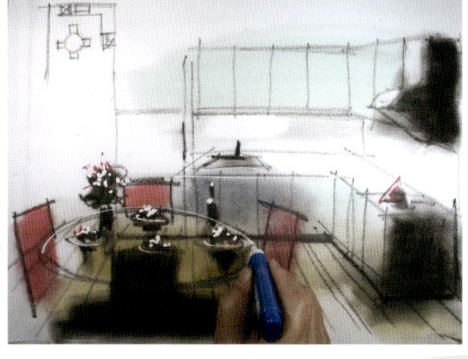

㉞最後に紙巻き鉛筆（ダーマトグラフ）でメリハリをつけて完成。

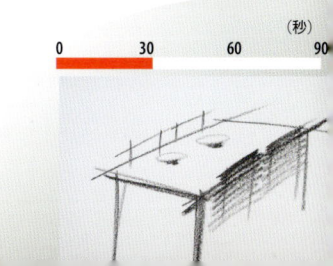

(秒)
0 30 60 90

実戦！ 簡易2消点透視図法でベッドルームを描く

コミュニケーション・スケッチでは家具から描きはじめる方が描きやすい場合があります。空間から描いていくと後で家具を入れるときにバランスを取るのが難しくなります。しかしスケッチを描く前に家具が配置された状態が頭に入っていないとこのようなスケッチは描けないので家具を描き込んだ平面プランが必要になってきます。

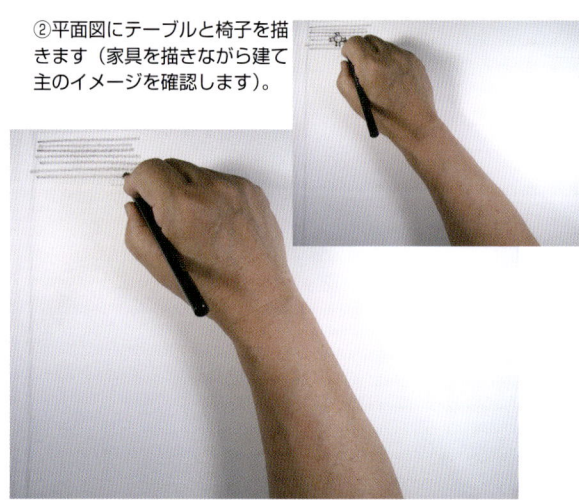

②平面図にテーブルと椅子を描きます（家具を描きながら建て主のイメージを確認します）。

④建て主が平面プランでもある程度イメージがわくように家具やドアを入れていきます。

①建て主と打ち合わせをしながら簡単な平面プランを描きます。まずバルコニーから描きます。

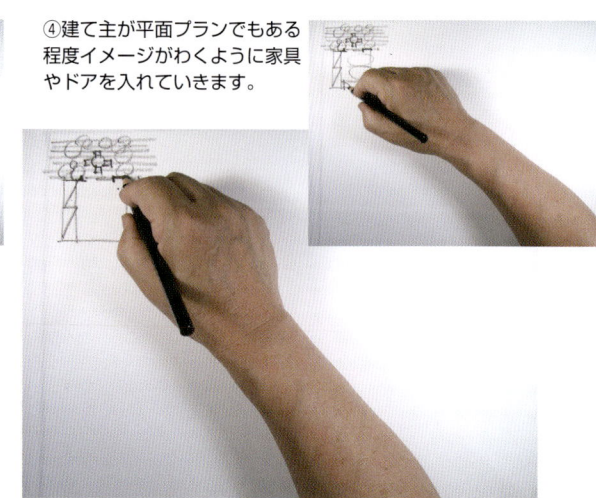

③部屋を描いていきます。

⑤寝室をイメージするためにベッドを初めに描きます。

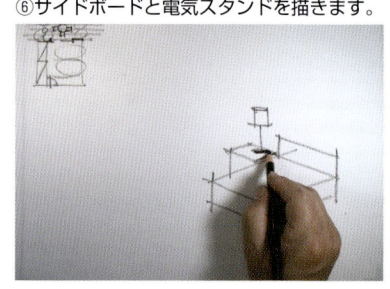

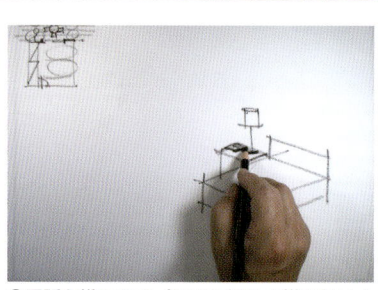

⑥サイドボードと電気スタンドを描きます。

⑦電話を描きます（あまり細かく描かないように）。

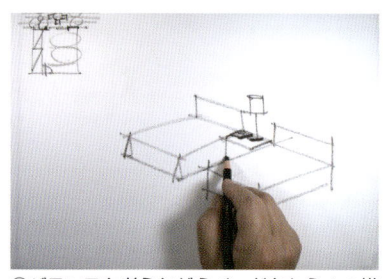

⑧バランスを考えながらベッドをもう1つ描き加えます

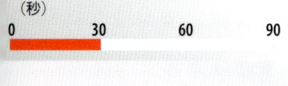

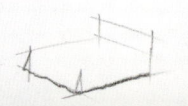

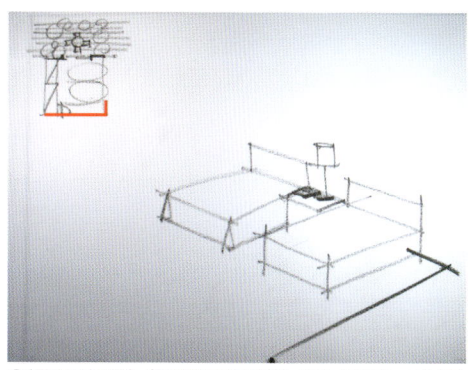

第4章 コミュニケーション・スケッチ

⑨部屋の床の線（平面図の赤部分）を入れます。できるだけ強い線で描きます。

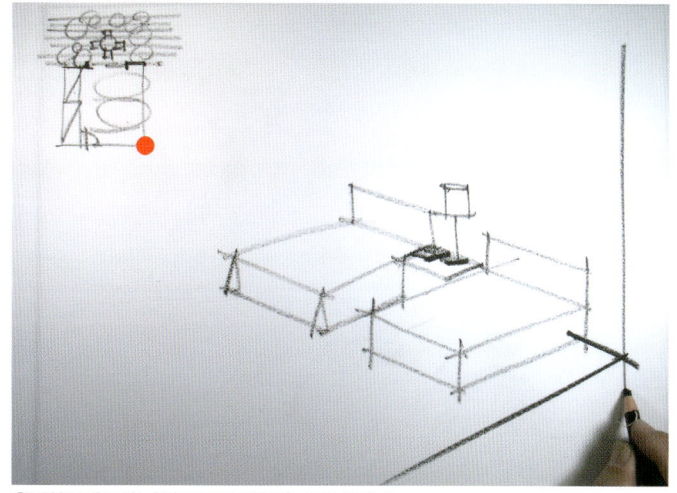

⑩手前の壁の線（平面図の赤部分）を入れます。

⑪壁に飾る絵を加えます。

⑫額の上の照明を描きます。

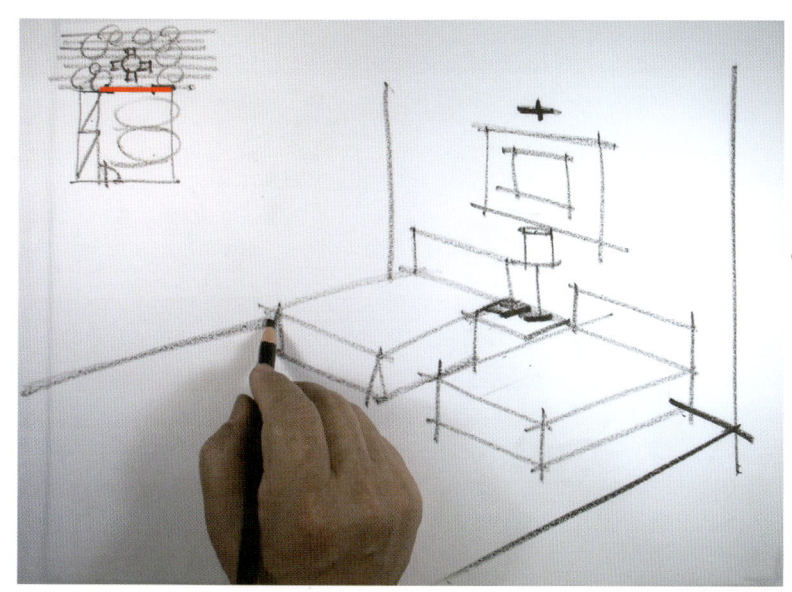

⑬奥の床の線（平面図の赤部分）を描きます。

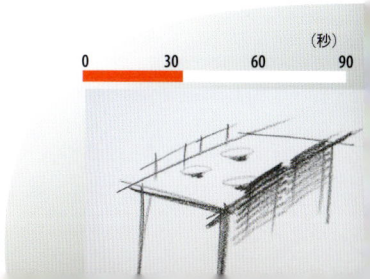

(秒)
0　　30　　60　　90

⑭掃き出し窓を描きます。

⑮カーテンを描き込みます（カーテンのひだは一気に）。

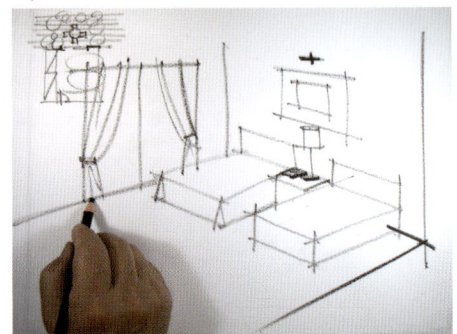

⑯バルコニーの板張りの線を描きます。

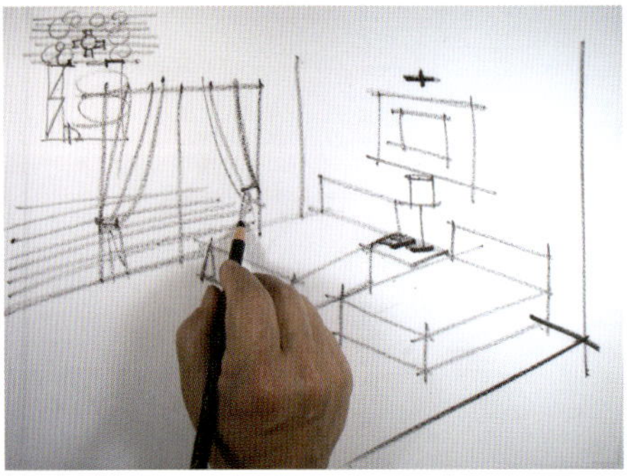

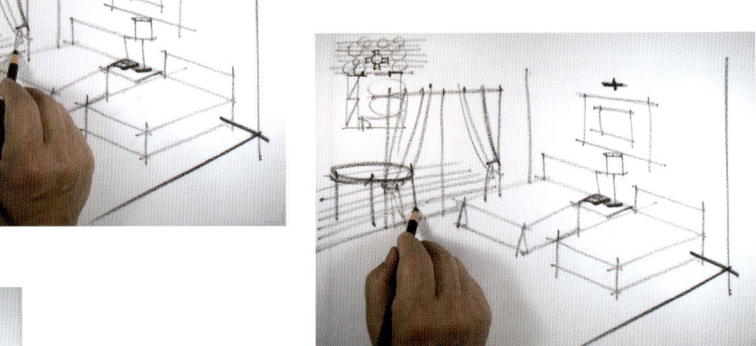

⑰テーブルを描きます。

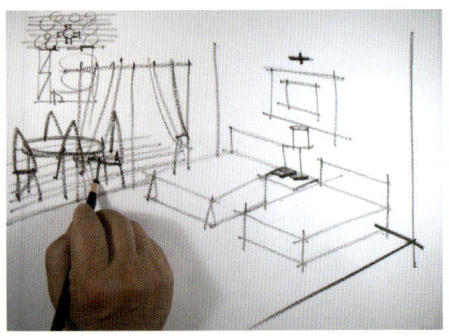

⑱椅子を描きます。テーブルとのバランスを考えて描きます。

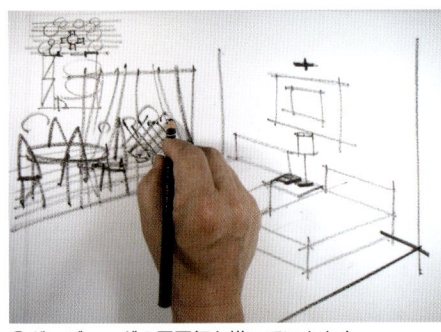

⑲ガーデニングの雰囲気を描いていきます。

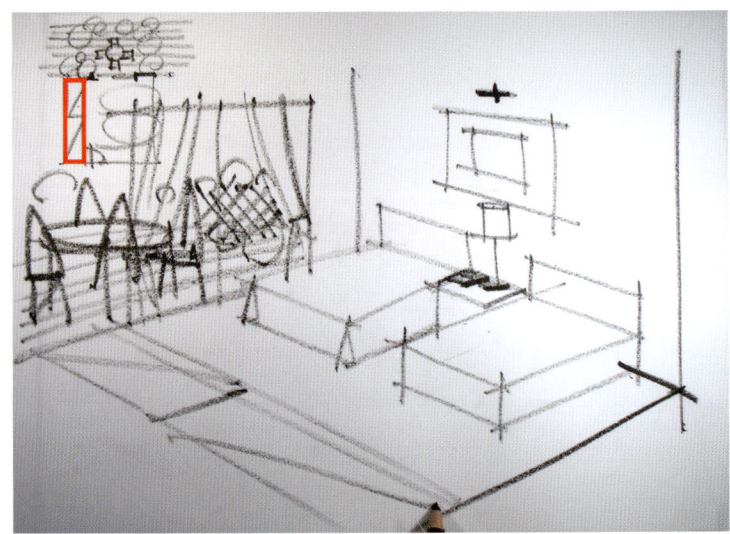

⑳寝室の中の収納（平面図の赤部分）を描きます。収納は手前にあるので立体に描かずに平面で。

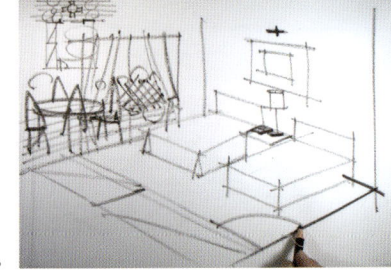

㉑ドアを描きます。下絵完了。

（秒）
0 30 60 90

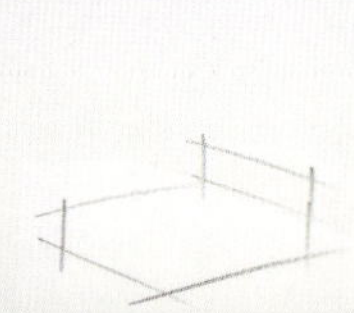

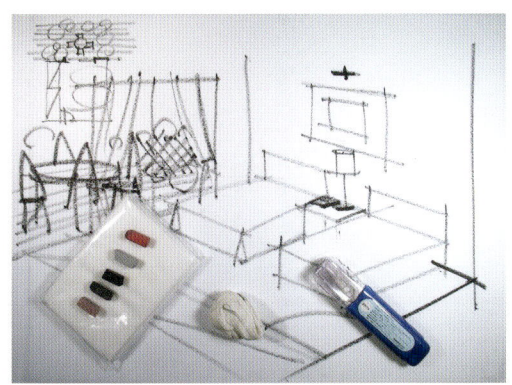

第4章 コミュニケーション・スケッチ

㉒ここから着彩。用意する画材は左からパステル、ティッシュペーパー、練り消しゴム、修正液。このほかパステルが落ちないように定着させるための定着液が必要です。

㉓ピンクのパステルで床を塗ります。大きくゆったりと。

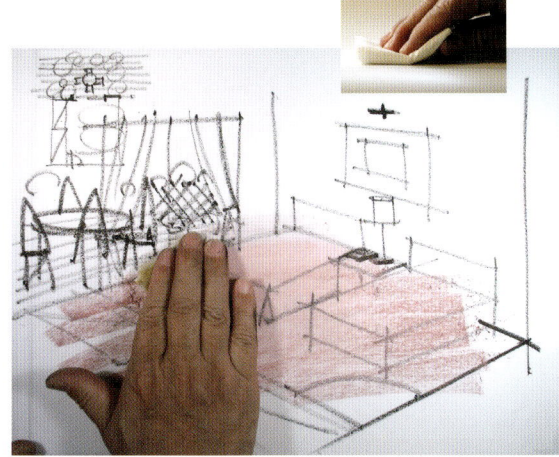

㉔ティッシュペーパーでぼかしていきます。

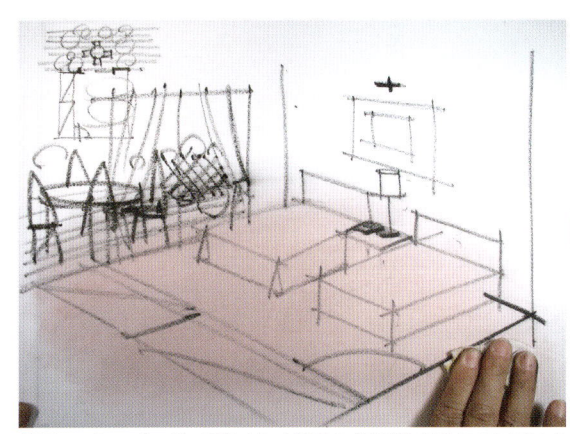

㉕ティッシュペーパーでやさしく柔らかく広げながらならしていきます。

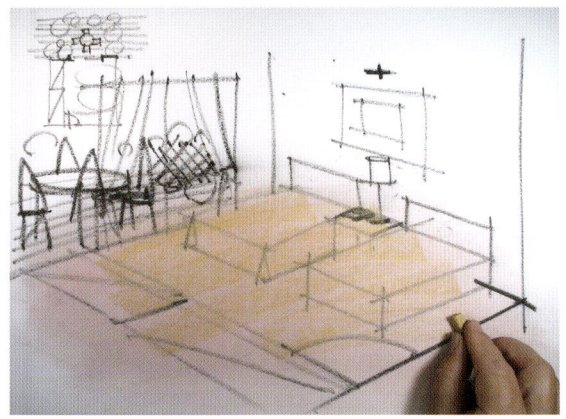

㉖床の色にもう少し深みを出すために違う色(ベージュ)を重ねます。

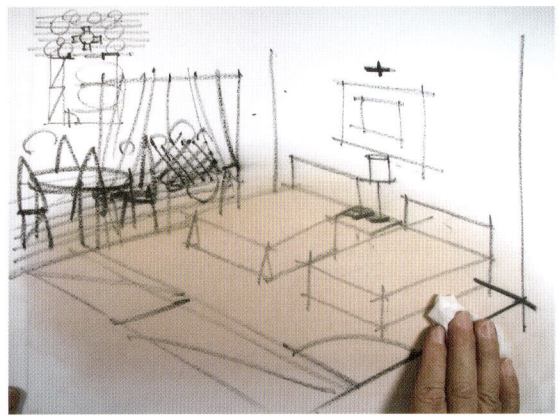

㉗ティッシュペーパーで再度なじませます。

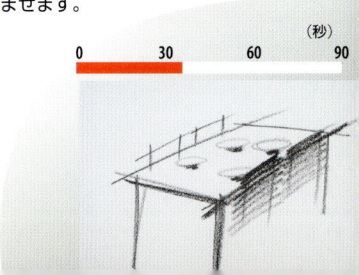

(秒)
0 30 60 90

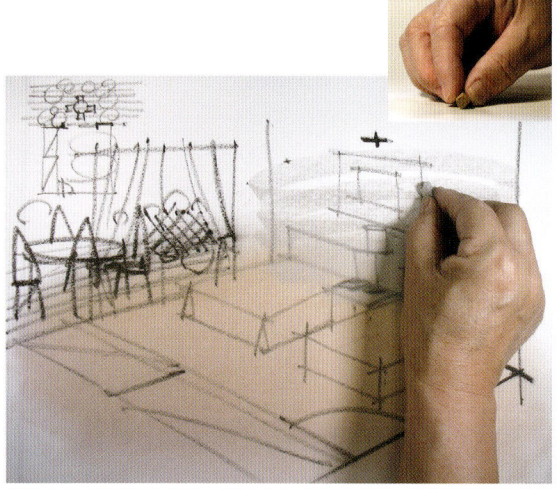

㉘室内を夜の感じに仕上げるためにグレーのパステルで塗ります。

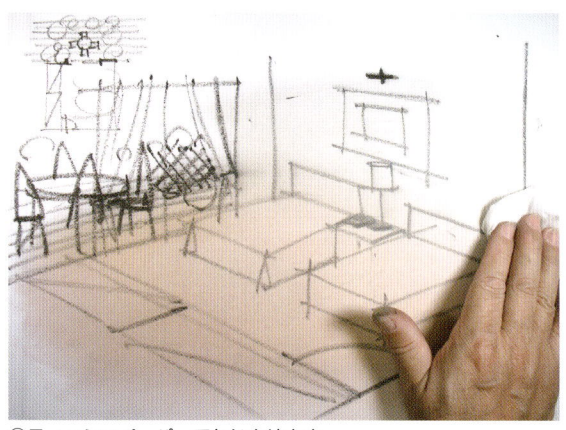

㉙ティッシュペーパーでなじませます。

㉚ダークグレーまたは黒でベッドに陰を付けます（ごしごしパステルをこすりつけないこと）。

㉛指でパステルをなじませます。

㉜床にテーブル、椅子の影を着けます。

(秒)
0　　30　　60　　90

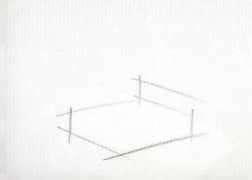

第4章 コミュニケーション・スケッチ

㉝濃緑色のパステルでバルコニーの植物を着彩します。

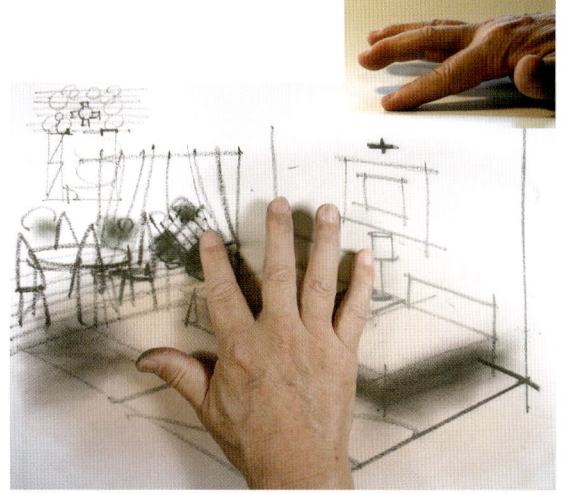

㉞指でパステルをなじませます（あまり大きく広げないこと）。

㉟額の絵を指で描きます（指に付いたパステルを擦りこすりつける感じ）。

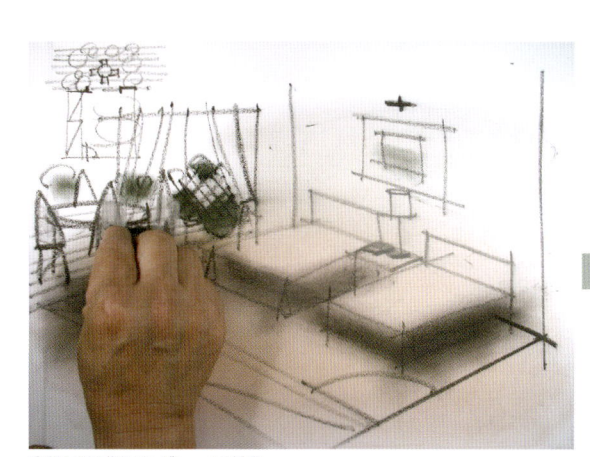

㊱椅子の背面をグレーで着色。

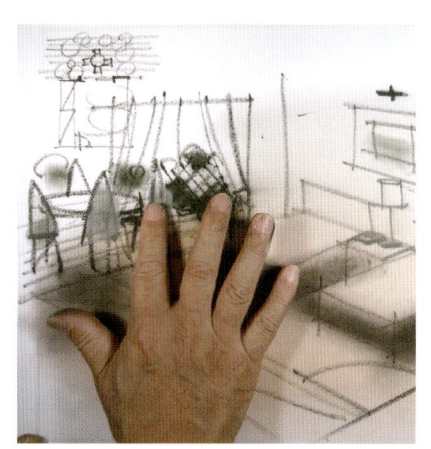

㊲指でグレーをなじませます。

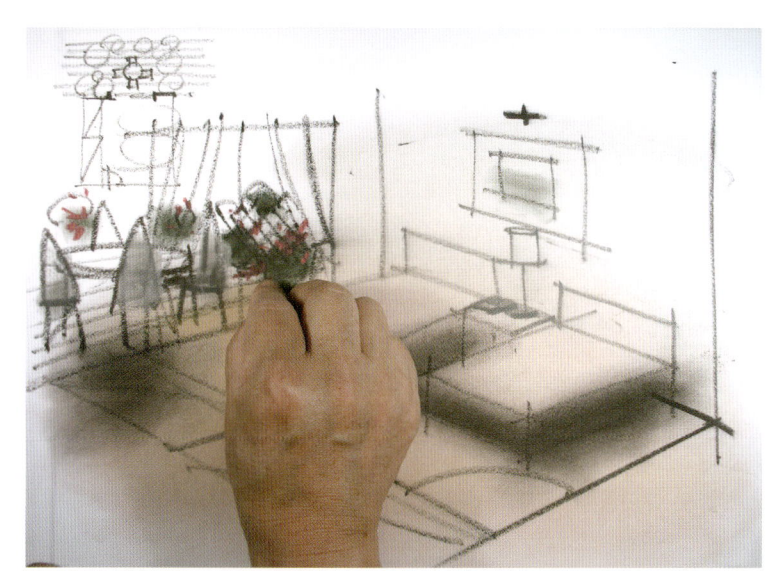

㊳花を直に赤のパステルで描きます。

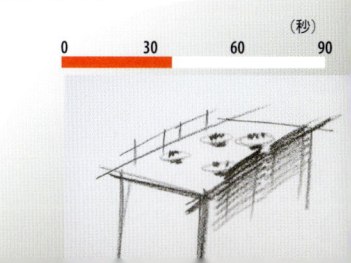

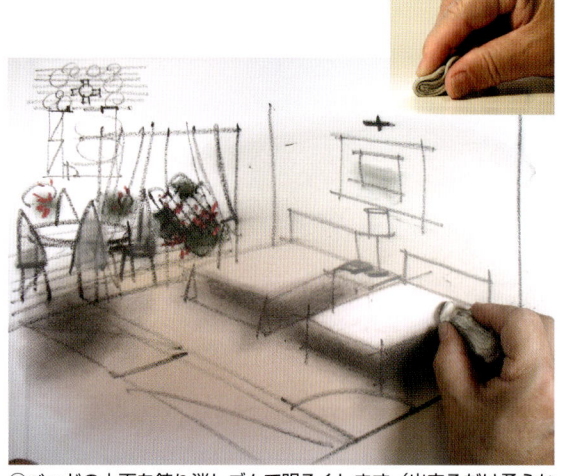

㉟ベッドの上面を練り消しゴムで明るくします（出来るだけ柔らかい感じで仕上げます）。

㊵電気スタンドの周りを練り消しゴムで明るくします。

㊶額の上の照明の周りを練り消しゴムで明るくします。

㊷ベッドのひだを練り消しゴムで描いていきます。

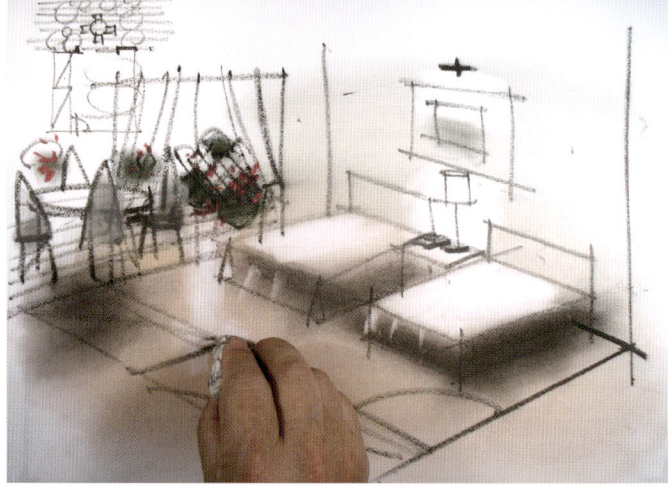

㊸練り消しゴムで床の映り込みを表現。

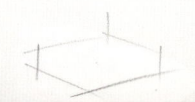

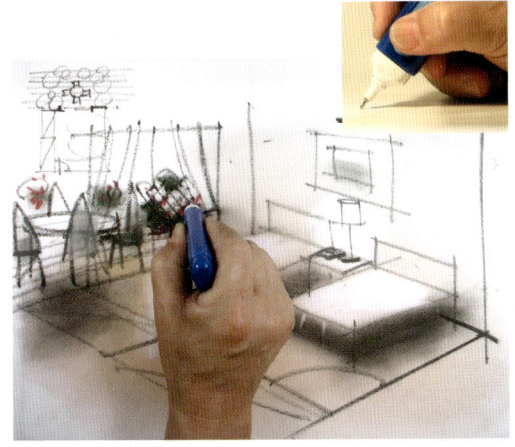

第4章 コミュニケーション・スケッチ

㊹バルコニーの花の部分に修正液でアクセントを入れます。

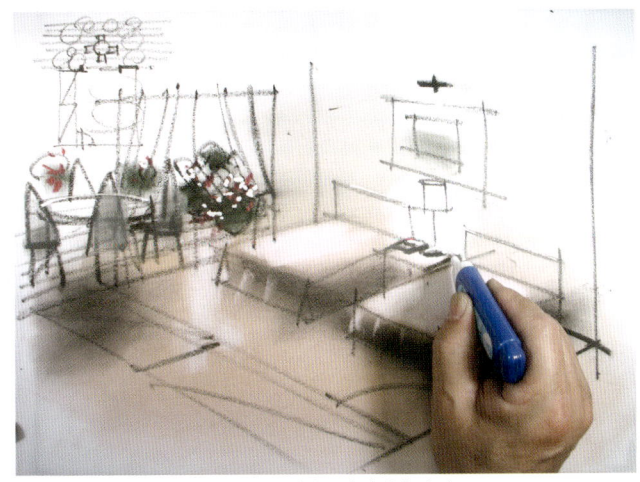

㊺修正液で電気スタンド周りにアクセントを入れます。

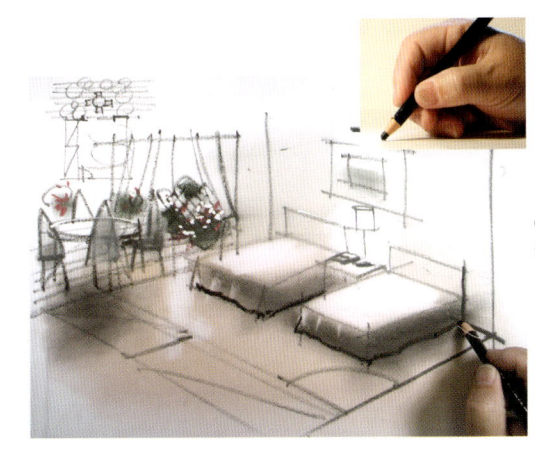

㊻スケッチ全体をながめながら強調したい部分を紙巻き鉛筆(ダーマトグラフ)で描き加えます。

㊼完成。ベッド側は夜の雰囲気、バルコニー側は昼の雰囲気でまとめました。

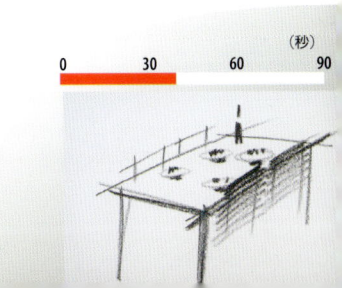

実戦！比較的広い空間のLDKを描く

平面図を斜めに写し取って描く手法は比較的広めの空間を描くときに適しています。ここでは約22〜24畳のLDK空間を例に建て主の目の前で描き上げる手法を解説していきます。

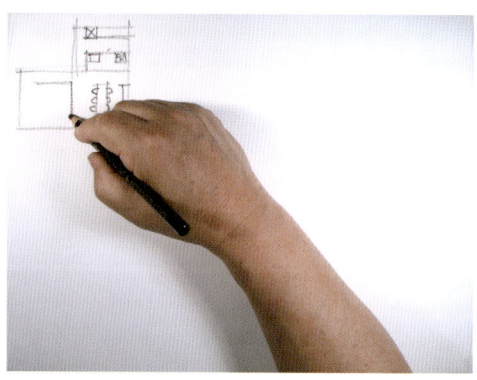

①LDKの平面プランを簡単に描いていきます。

②設備、家具などを描き入れます。

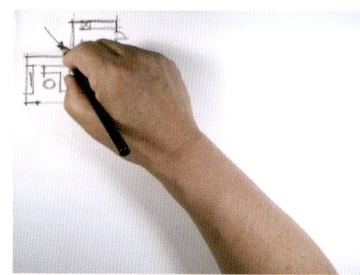

③どの方向から見たパースを描くかを決めます。

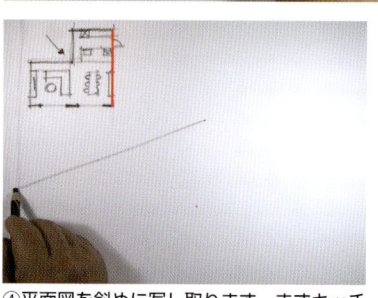

④平面図を斜めに写し取ります。まずキッチン、ダイニング部分の壁（平面図の赤部分）から描きます。

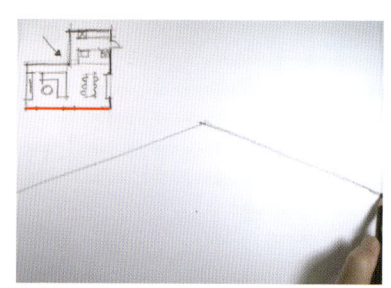

⑤全体のバランスを見ながらダイニング、リビングの開口部分（平面図の赤部分）を描いていきます。

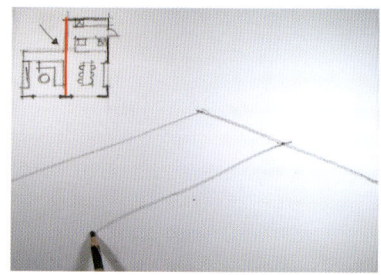

⑥キッチン、ダイニング部分（平面図の赤部分）。定規を使わずに平行線を描きます。

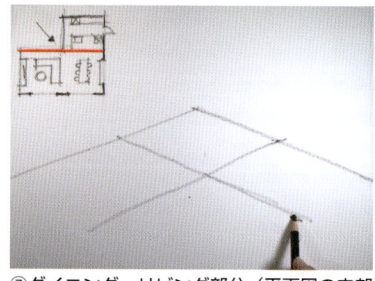

⑦ダイニング、リビング部分（平面図の赤部分）。

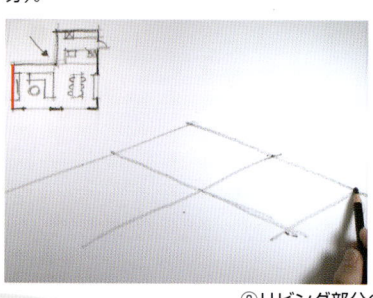

⑧リビング部分の床の外形線（平面図の赤部分）ができあがりました。

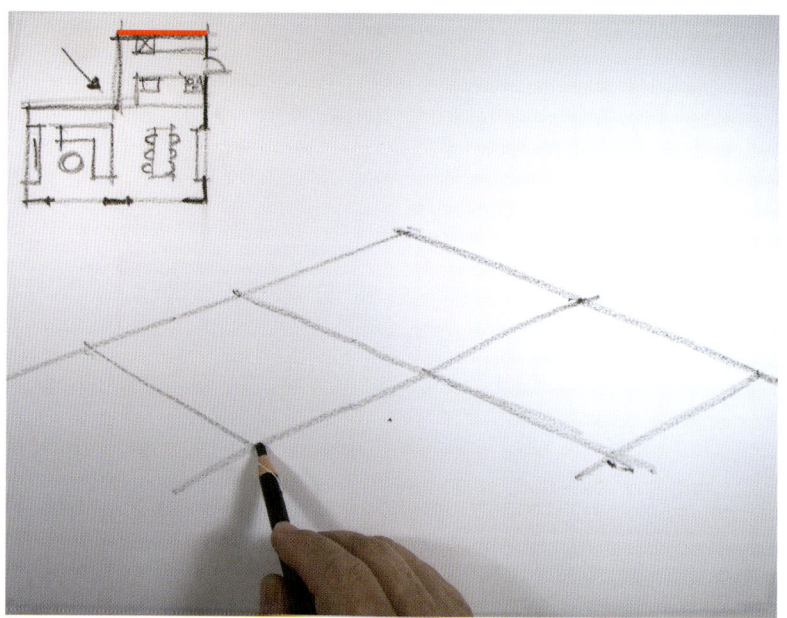

⑨キッチン部分の外形線（平面図の赤部分）を描いて、LDK全体の床の線のできあがり。

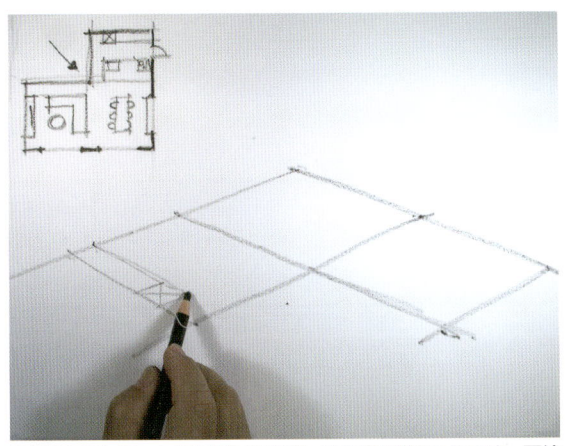

第4章 コミュニケーション・スケッチ

⑩斜めに写し取った平面図に食器棚、冷蔵庫を描き入れます。下絵なので出来るだけ簡単に、多少薄目に描いていきます。

⑪キッチンを描きます。

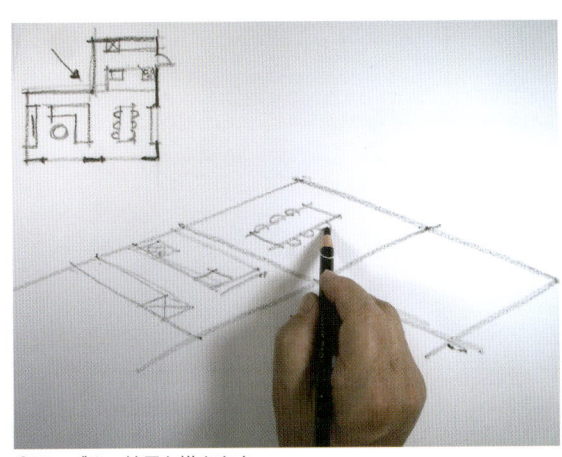

⑫テーブル、椅子を描きます。

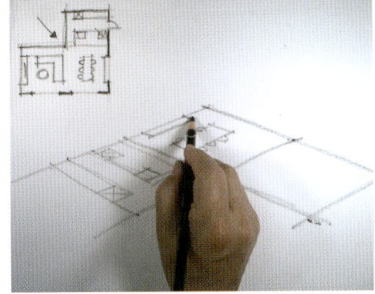

⑭ソファ、センターテーブルを描きます。

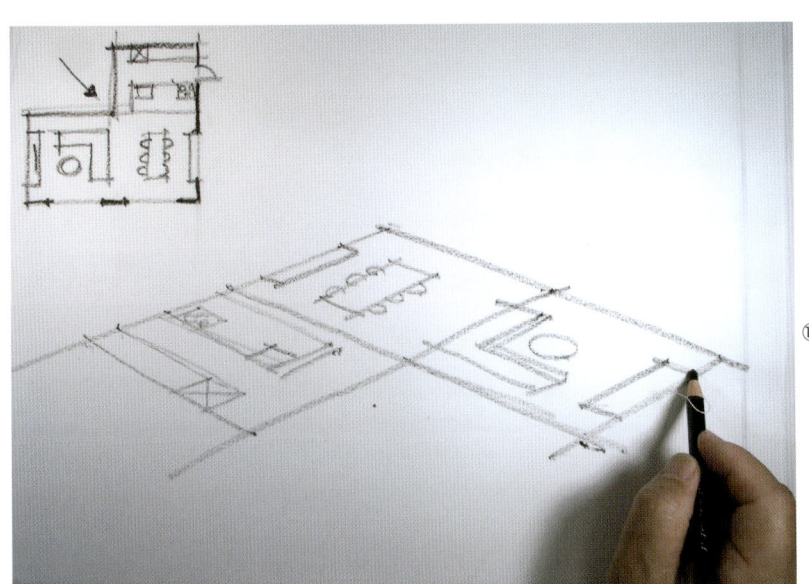

⑬食器棚を描きます。

⑮リビングボードを描きます。

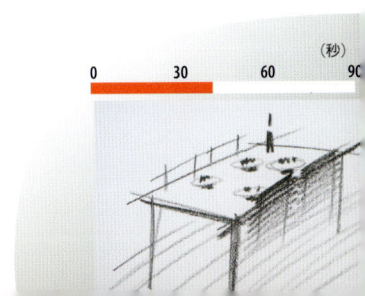

(秒)
0 30 60 90

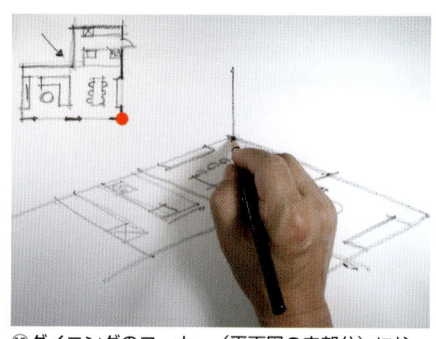

⑯ダイニングのコーナー（平面図の赤部分）に柱を立てます（垂直線を引きます）。

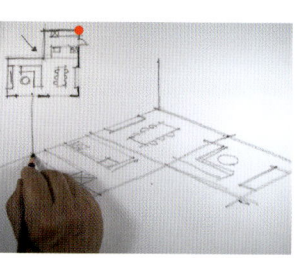

⑰キッチンのコーナー（平面図の赤部分）にも垂直線を入れます。

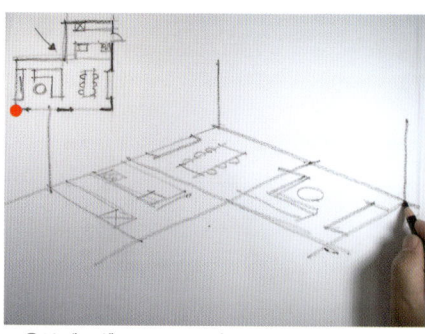

⑱リビングのコーナー（平面図の赤部分）にも垂直線を入れます。

⑲キッチン、ダイニング側の床と平行に天井の線（平面図の赤部分）を描きます。

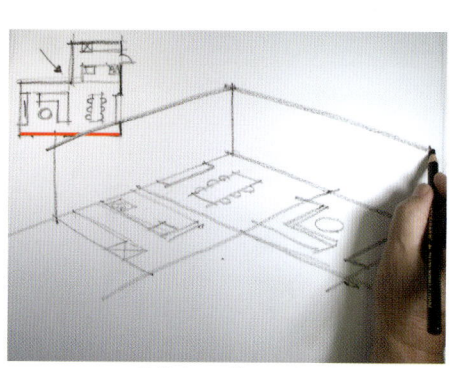

⑳ダイニング、リビング側の天井の線（平面図の赤部分）を描きます。

㉑キッチンを立ち上げます。

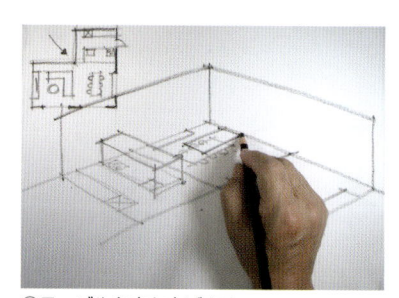

㉒テーブルを立ち上げます。

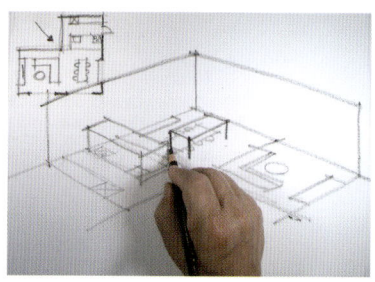

㉓テーブルの脚を描きます。

㉔椅子を描きますが、椅子の背の表現だけで十分に伝わるのであえて椅子の座や脚は描きません。

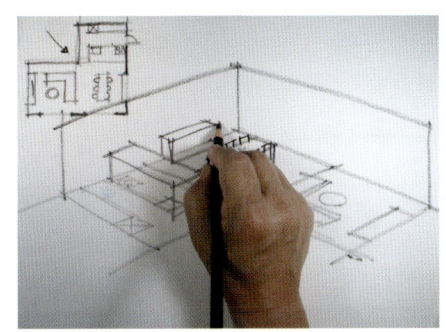

第4章 コミュニケーション・スケッチ

㉕食器棚を立ち上げます。

㉖ソファを立ち上げます。

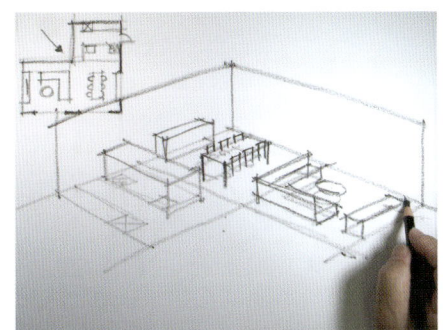

㉗リビングボードを立ち上げます。

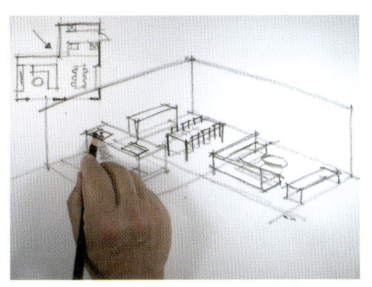

㉘キッチンのカウンターのシンクやコンロを描きます。

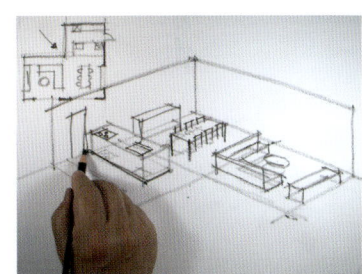

㉙勝手口も簡潔に描きます。

㉚腰高窓を描きます。

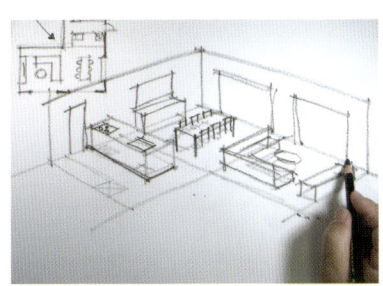

㉛掃き出し窓を描きます。

㉜腰高窓のカーテンを描きます。

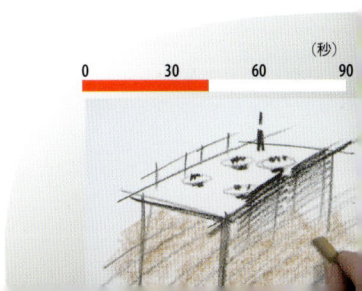

(秒)
0　　30　　60　　90

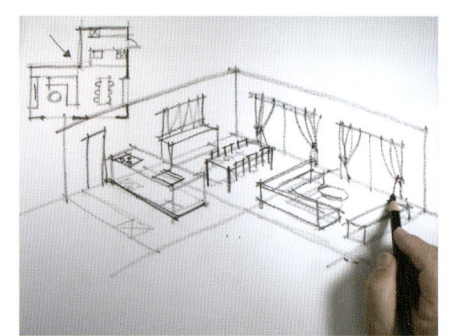

㉝掃き出し窓のカーテンを描きます。 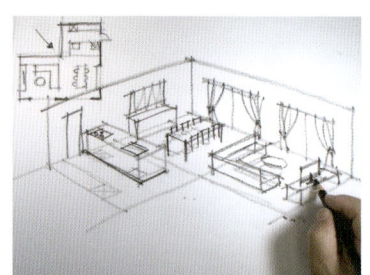　㉞テレビを描きます。 　㉟レンジフード（換気扇）を描きます。

㊱床の板張りの線をフリーハンドで平行に描いていきます。 　㊲観葉植物を描きます。

㊳床の外形線を強調します。

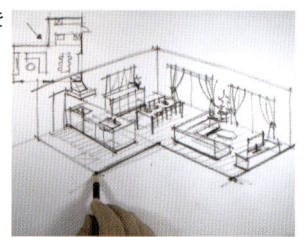

㊴コンロの後ろのガードを描きます。鉛筆による下描きはこれで終了。

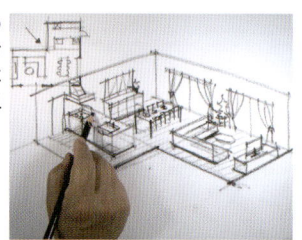

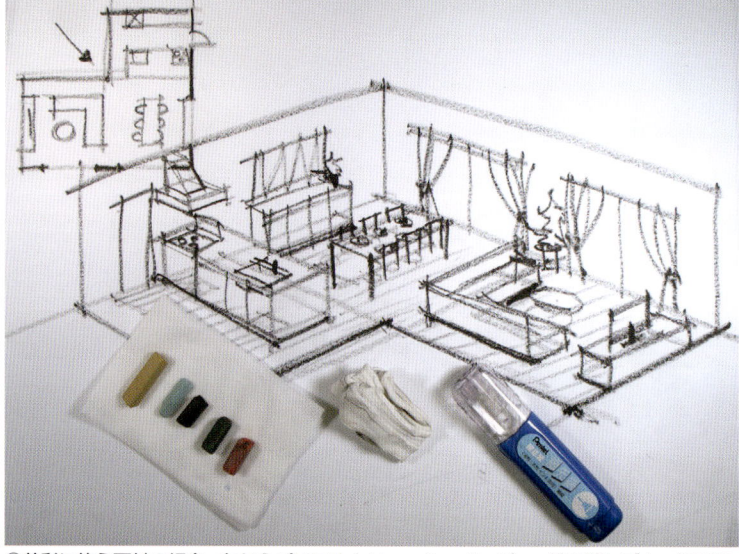

（秒）
0　30　60　90

㊵着彩に使う画材の紹介。左からパステルとティッシュペーパー。練り消しゴム。修正液。

第4章 コミュニケーション・スケッチ

㊶パステルで床を塗ります（軽いタッチで素早く、大きく）。

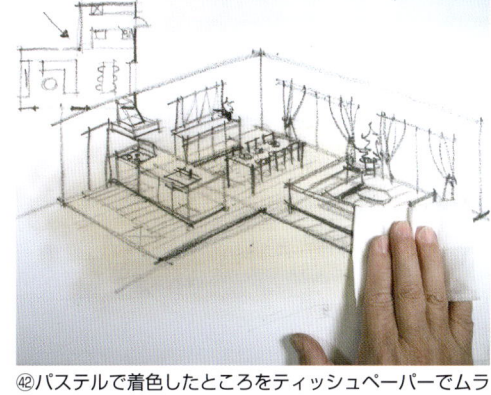

㊷パステルで着色したところをティッシュペーパーでムラなく馴染ませます。

㊸家具などをパステルで塗ります。

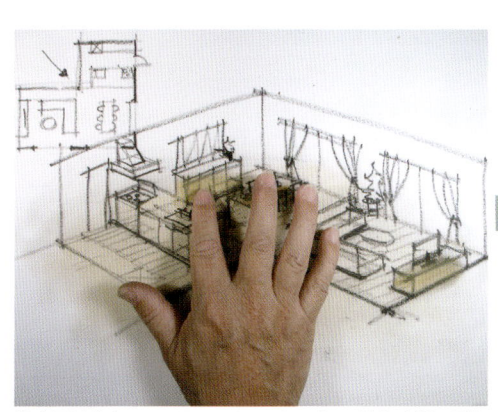

㊹家具は小さいのでティッシュペーパーではなく指でぼかします。

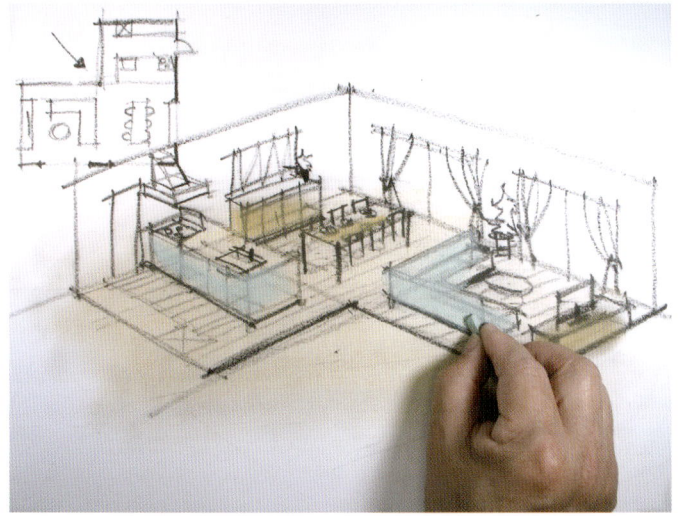

㊺キッチン、ソファもパステルで直に着色していきます。色がはみ出しても気にしないこと。

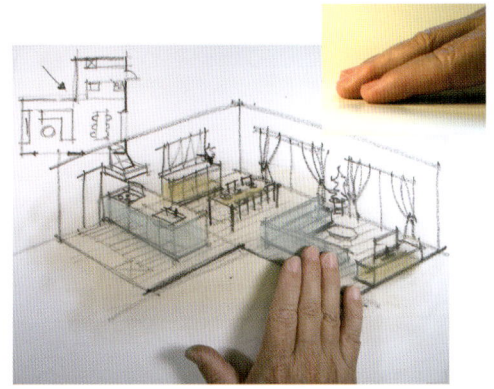

㊻パステルを指でぼかします。

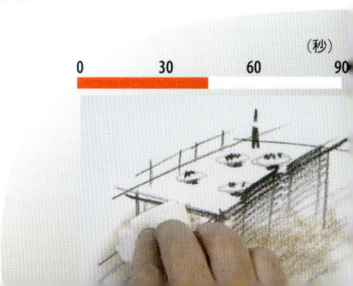

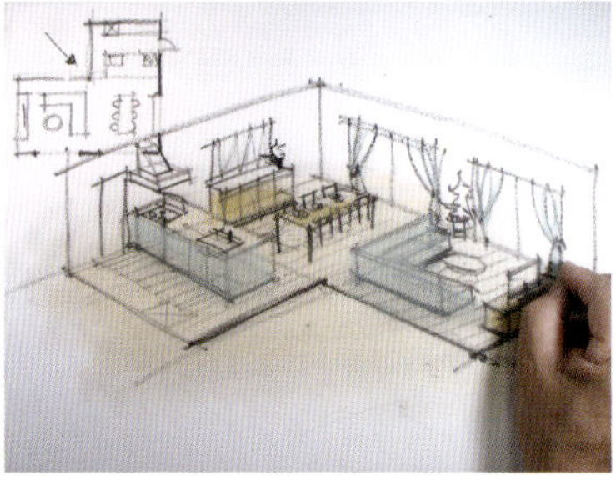

㊼カーテンもパステルで塗っていきます。

㊽椅子を塗ります。

㊾指で馴染ませます。

(50)観葉植物もパステルで描き込みます。

(51)花の部分を指でぼかします。少しぐらいはみ出ても気にしないこと。

(52)レンジフードもパステルで塗り、指でぼかします。

(秒)
0 30 60 90

第4章 コミュニケーション・スケッチ

㊽陰の部分をパステルで描きます（薄目、弱めに）。

㊾指でぼかします。

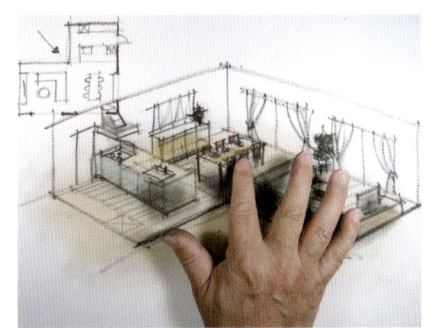

㊿リビングの椅子の背面に陰をつけます。

㊶練り消しゴムを使ってキッチンのカウンターの上を白く表現します。

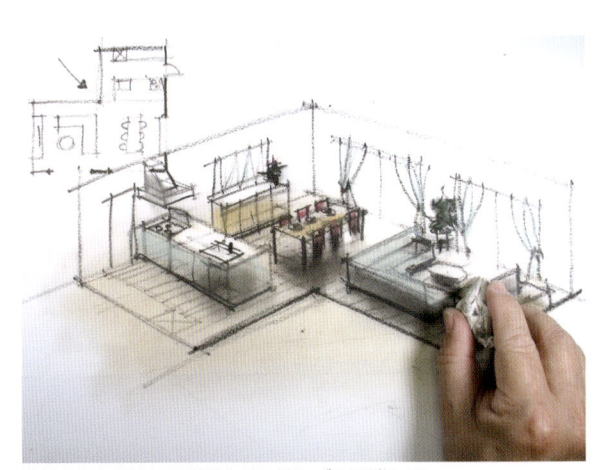

㊷掃き出し窓の下の部分を練り消しゴムで消して明るくします。

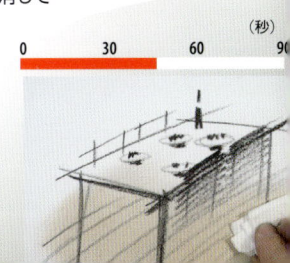

109

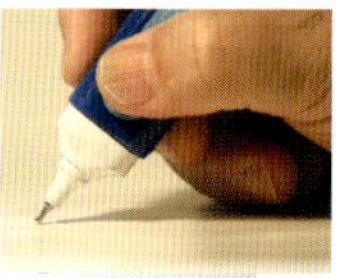

(58)より明るさを表現したいところは修正液を使います。

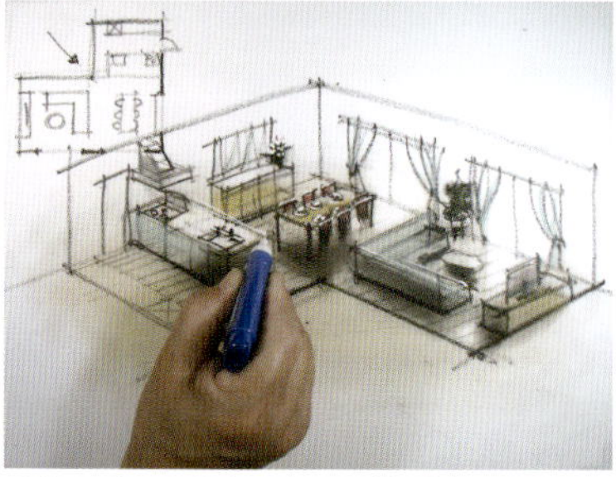

(59)キッチンのカウンターに修正液でアクセントを。

(60)コンロのガード部分を修正液で光らせます。

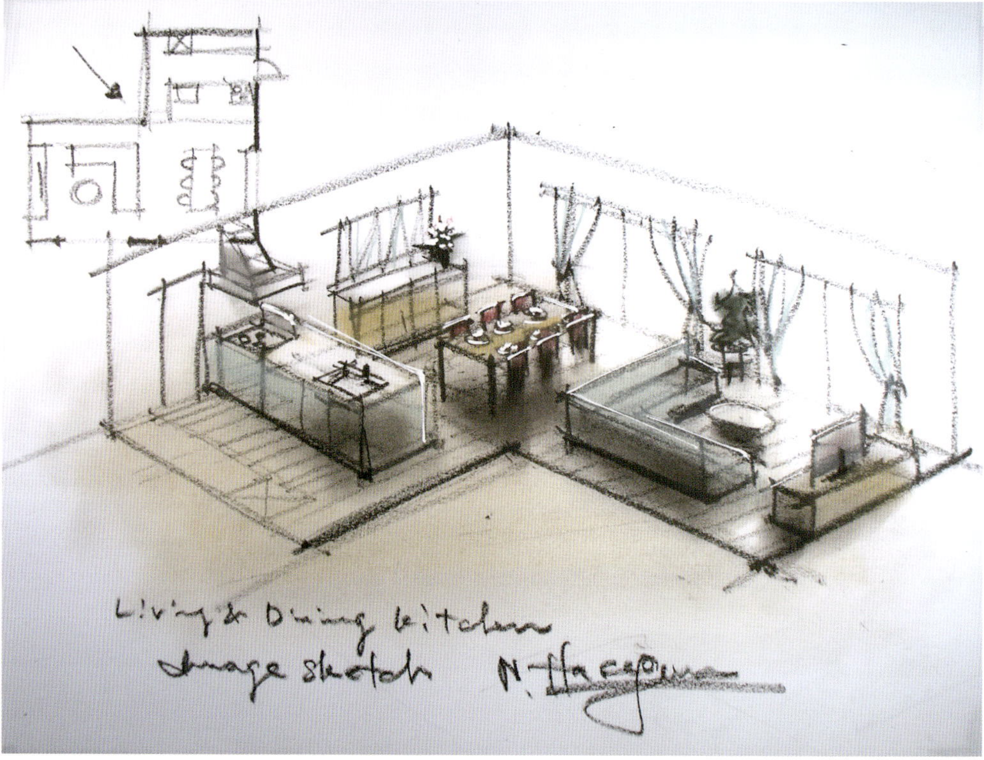

(61)完成。
ポイント
（1）線画も着彩もスピーディに（はみ出しは気にしない）。
（2）明るいところは大胆に。
（3）陰影は控えめに（薄日に着色）。

（秒）
0 30 60 90

第5章
イメージ・スケッチ

出来上がりのイメージを建て主と共有するためのプレゼンテーション用としても有効な「イメージ・スケッチ」について解説。この章ではスケッチのスピードも大事な要素ですがむしろスケッチの完成度を重視し、前章の「コミュニケーション・スケッチ」が打ち合わせ初期の段階で描いていくのに対して、「イメージ・スケッチ」は建て主との打ち合わせの中盤から最終段階に有効なスケッチといえます。

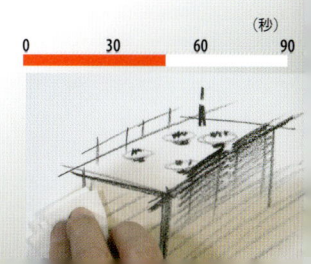

人物を描く

人物を空間の中入れて描くと生活感が表現できます。また寸法の比較が出来るので空間のサイズのイメージを伝えやすくなります。

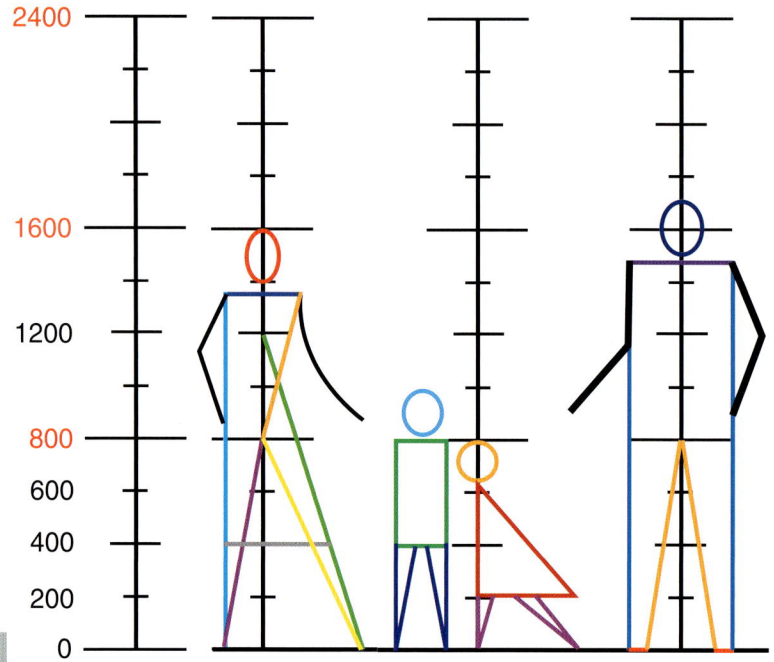

成人女性のイメージスケッチ。紙巻き鉛筆（ダーマトグラフ）で描いています。

人物を描く時は身体のバランスがポイントになります。上の図は左から成人女性、子供（小学生低学年と幼児）、成人男性のスケッチを描くときの頭、胴体、脚などのおおよそのバランスを示した図です。左の数字は住宅の天井高を基準としたもので（割り出ししやすいように 2,400 ㎜ に設定）単位はミリです。2,400 ㎜ を 12 等分しています。1 目盛り 200 ㎜。この図はあくまでも目安ですので細かいところにこだわらずに大胆にスケッチした方が良いでしょう。

生活シーンを表現するのに人の描写は重要ですが 1 人 1 人にあまりこだわりすぎると、雑然としたスケッチになります。大まかな輪郭線と各々の人のしぐさを描くことで人々が楽しく集まっている時間、空間を表現します。

全体の雰囲気を考えながら人物を描き入れますがあまり細かく描き込まずに輪郭線で表現します。

（秒）
0 30 60 90

START!!

第5章 イメージ・スケッチ

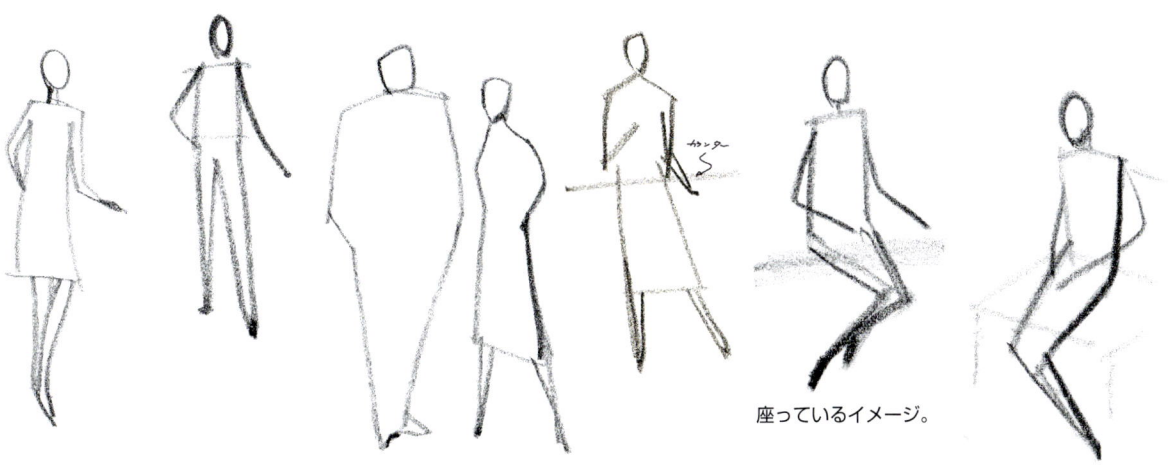

座っているイメージ。

顔や髪型も省略します。輪郭線だけで表現していきます。

腰掛けているイメージ。

パーティの1シーン。家族だけでなくいろいろな人が集まり各々が楽しんでいるところを表現。

113

人の何気ないしぐさを観察しメモします（スケッチします）。

人の表情など細かなところは省略しますが、人の動きが感じられるように表現します。

それぞれの動作によって語らいやざわめきなどが伝わるように描きます。

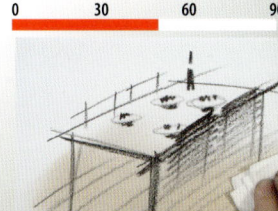

花、観葉植物を描く

花や観葉植物はインテリア空間を描くときの重要なアクセントになりますので是非、習得して欲しいアイテムです。描き方はあまりリアルにならないように少し離れたところから全体を眺めたイメージ（5〜10m離れて見た感じ）で描きます。

庭の花の表現。パステルで着彩。花の上面は修正液でアクセント。

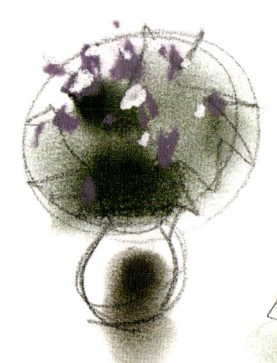

パステルと色鉛筆と修正液。葉の着彩はあまり明るいグリーンではなく、濃いめの色を使います。

パステルと修正液使用。

パステルと修正液使用。

パステル使用。

ニッチの花の表現。照明効果を考えながら。

マーカー（コピック）。

パステル、色鉛筆、修正液で。

紙巻き鉛筆（ダーマトグラフ）。

紙巻き鉛筆（ダーマトグラフ）とパステル。

紙巻き鉛筆（ダーマトグラフ）。

マーカー（コピック）。

紙巻き鉛筆（ダーマトグラフ）で描いてパステルで着彩。

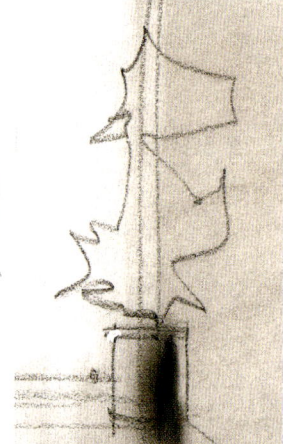

紙巻き鉛筆（ダーマトグラフ）。

（秒）
0　　30　　60　　90

第5章 イメージ・スケッチ

パステルで描いたスケッチ。線は紙巻き鉛筆（ダーマトグラフ）。

パステル。

パステルと修正液。

パステルと修正液で梅の花を。枝は紙巻き鉛筆（ダーマトグラフ）で。

色鉛筆。

紙巻き鉛筆（ダーマトグラフ）とマーカー（コピック）。

ミリペンとマーカー（コピック）。

マーカー（コピック）で描いたスケッチ。

紙巻き鉛筆（ダーマトグラフ）と色鉛筆。

色マーカー（コピック）。

色鉛筆、マーカー（コピック）、パステル使用。

パステル着彩。

ボールペン、パステル、修正液。

紙巻き鉛筆（ダーマトグラフ）とパステル。

パステル。

マーカー（コピック）。

紙巻き鉛筆（ダーマトグラフ）とマーカー（コピック）。

115

屋外の樹木を描く

樹木を描くときは全体のイメージを表現するようにします。輪郭をフリーな感覚でおおらかに描きます。

幹は力強く葉の部分は力を抜いて描きます。

水彩風にパソコン（ペンタブレット）でスケッチ。

紙巻き鉛筆（ダーマトグラフ）で描いた屋外の花壇。

紙巻き鉛筆（ダーマトグラフ）で描いた樹木。

色鉛筆で描いた屋外の花壇。

色鉛筆で着彩。

パソコン（ペンタブレット）。

紙巻き鉛筆（ダーマトグラフ）。

パステルで描いた花壇と樹木。おおらかに描きます。

パステルでのびのびと表現。

パソコン（ペンタブレット）。

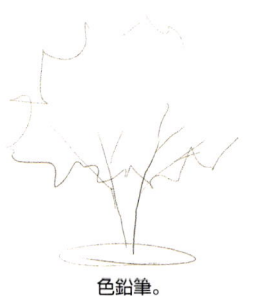

色鉛筆。

日頃から樹木の特徴をつかむようスケッチを描く機会を持つといいでしょう。10秒から20秒ぐらいで描き上げます。

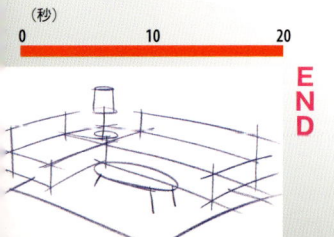

第5章　イメージ・スケッチ

色鉛筆でスケッチ。

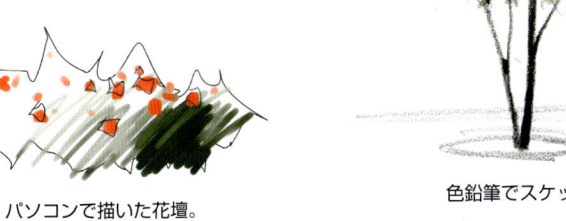

パソコンで描いた花壇。
ペンタブレット使用。

色鉛筆でスケッチ。

季節感を出すためにパステルで着彩。

色鉛筆使用。

色鉛筆で樹木の重なりを表現。

強弱とスピードがポイント。

色鉛筆でラフに。

水彩風にパソコン（ペンタブレット）でスケッチ。

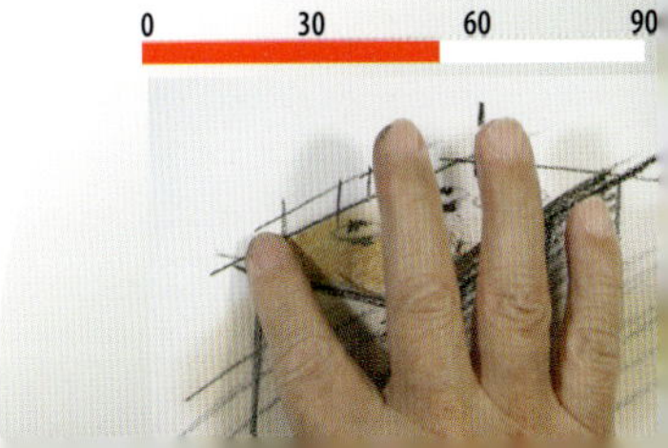

樹木の幹と葉はマーカー（コピック）のグレーで描きます。

オープンキッチン&LD空間を描く

開放感のあるゆったりした落ち着きのある空間表現がポイントになります。光と影のバランスを考えながらスケッチします。

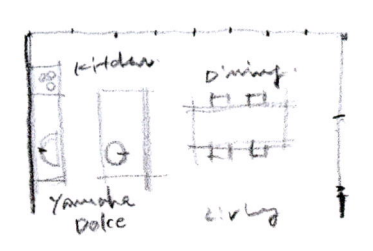

①簡単な平面プランを描きます。

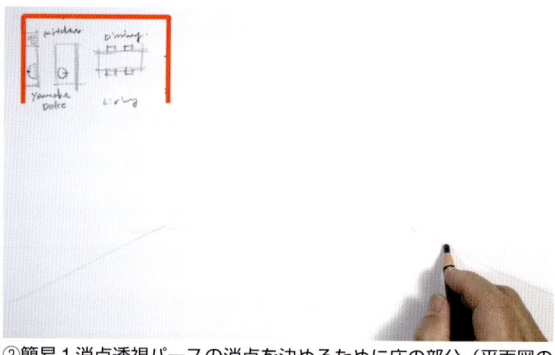

②簡易1消点透視パースの消点を決めるために床の部分（平面図の赤部分）を描きます。

③簡易1消点透視パースのための消点を決めます。

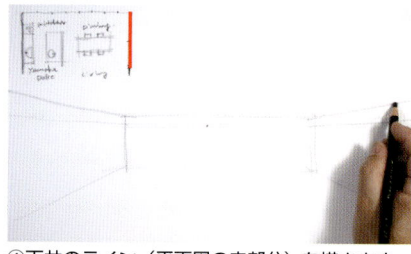

④天井のライン（平面図の赤部分）を描きます。

⑤床の板張りのラインを描いていきます。

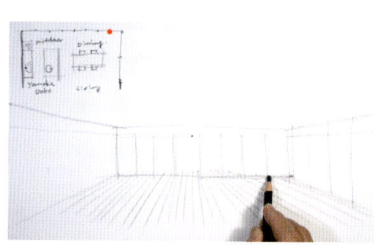

⑥掃き出し窓のサッシのライン（平面図の赤部分）を入れます。

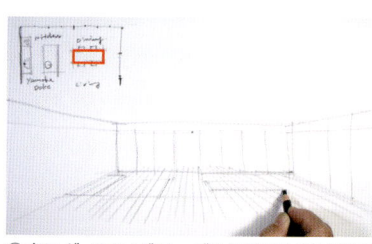

⑦床にダイニングテーブル（平面図の赤部分）を描きます。

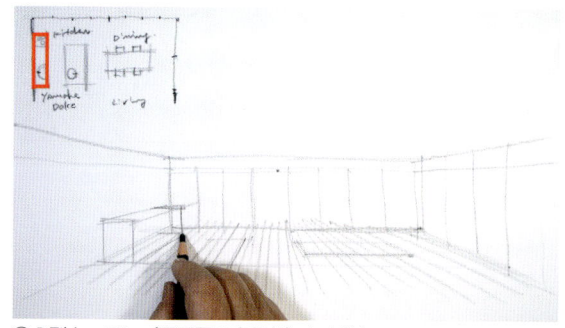

⑧Ｉ型キッチン（平面図の赤部分）を立体に。

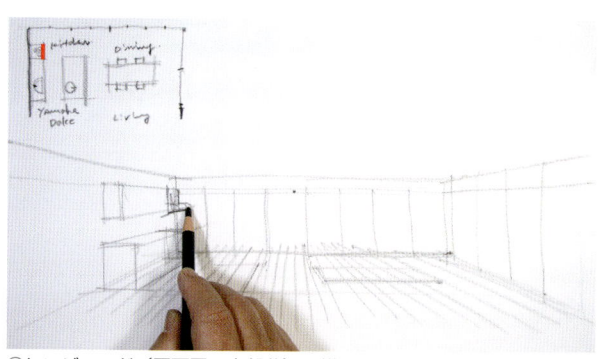

⑨レンジフード（平面図の赤部分）を描きます。

(秒)
0　　10　　20

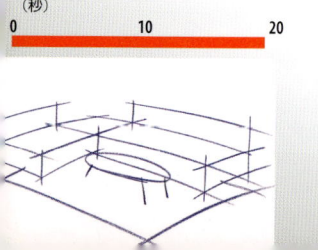

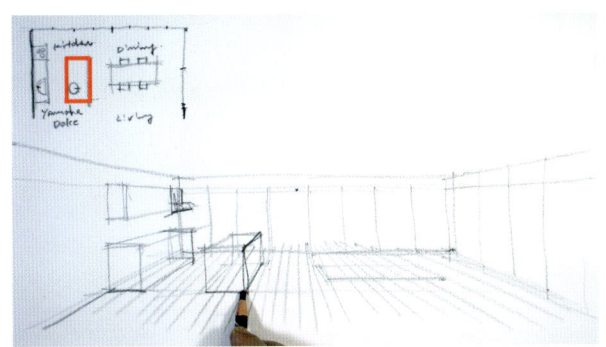

第5章　イメージ・スケッチ

⑩アイランドキッチン（平面図の赤部分）を立体に。

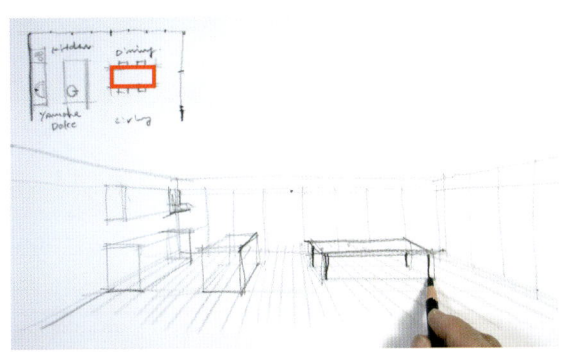

⑪テーブル（平面図の赤部分）を立体に。

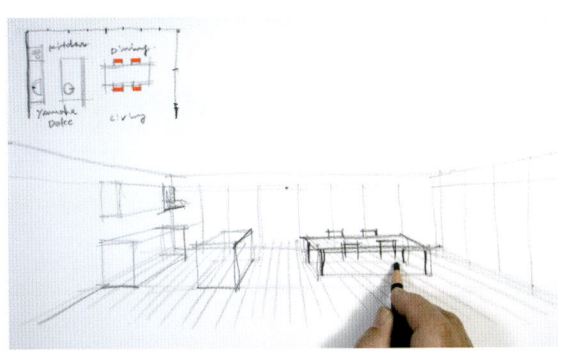

⑫椅子の背面（平面図の赤部分）を描きます。

⑬屋外の樹木を描きます。リズミカルに軽快に。

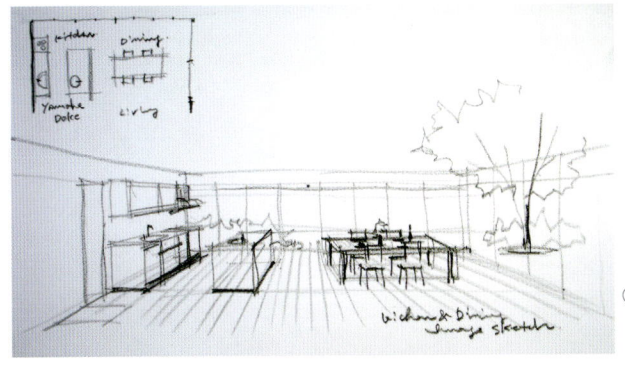

⑭下絵完成。

⑮パステルで床部分を塗ります。パステルの粉があまり出ないように注意します。

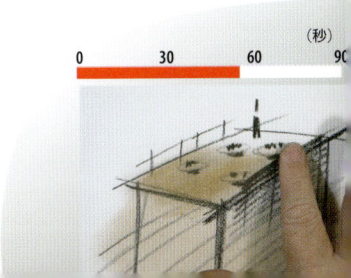

⑯ティッシュペーパーで床全体をならします。

⑰天井をパステルで塗ります。

⑱ティッシュペーパーでならします。

⑲テーブルの上をパステルで塗ります。

⑳指でパステルをならします。

㉑左手前の壁をダークグレーで暗くします。

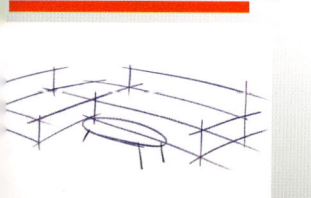

(秒)
0　　10　　20

第5章 イメージ・スケッチ

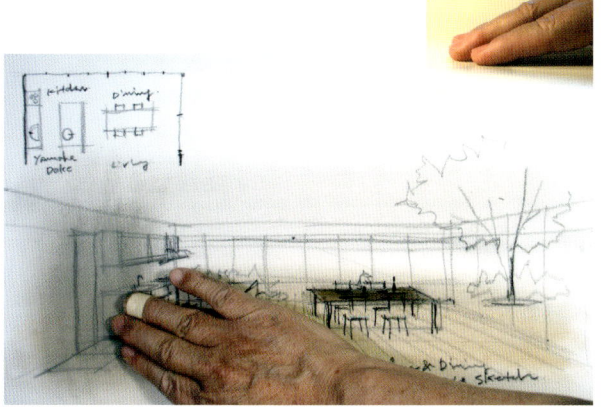

㉒手を横にしてスケッチの縦方向に指でならします。

㉓Ｉ型キッチンのサイド、アイランドキッチンのサイド、テーブルの下部分の陰影をパステルで弱目に塗ります。

㉔指を横に小さく動かしながらパステルをぼかしていきます。

㉕練り消しゴムで窓からの光の映り込みを表現します（床のパステルを消します）。

㉖パステルで塗ったテーブルの明るくしたい部分を練り消しゴムで消していきます。

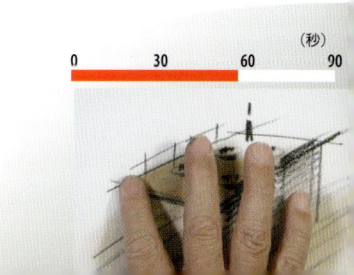

(秒)
0 30 60 90

㉗紙巻き鉛筆（ダーマトグラフ）で椅子の背面を強調します。

㉘パステルでアイランドキッチンのシンク部分に色（ライトグリーン）を入れます。

㉙椅子にライトブルーのパステルで色を入れます。

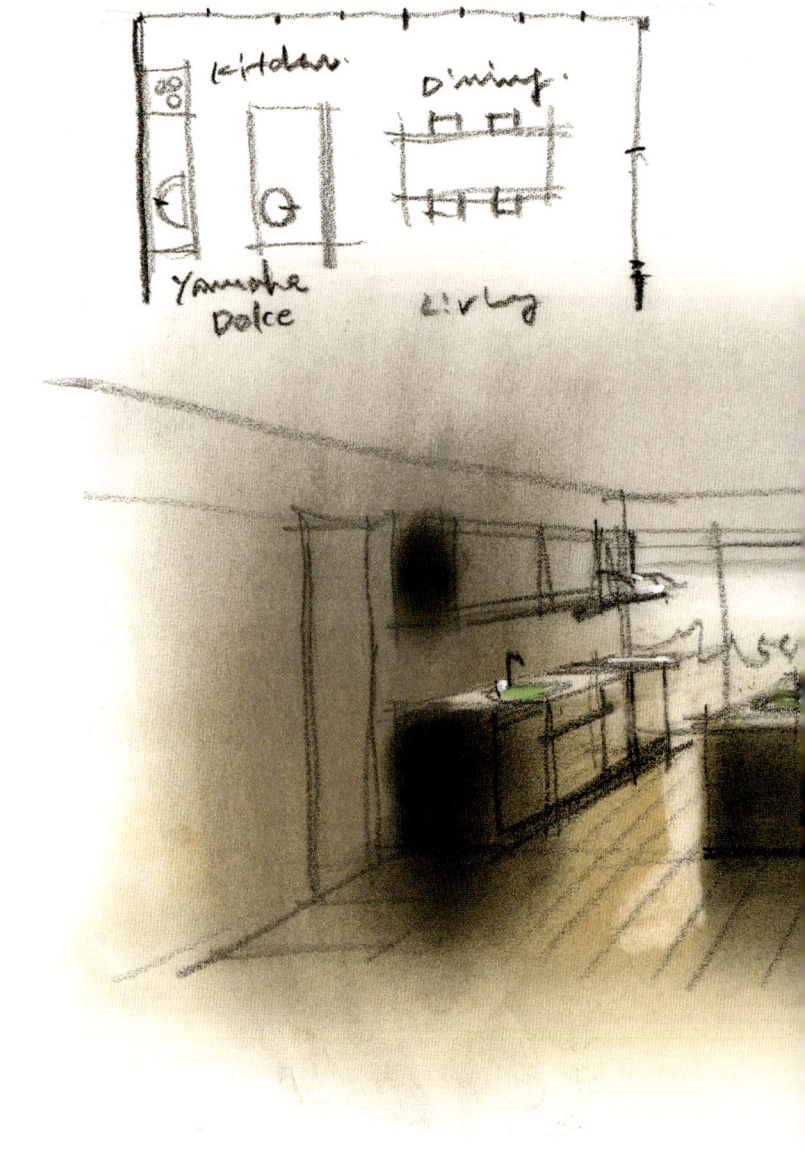

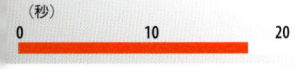

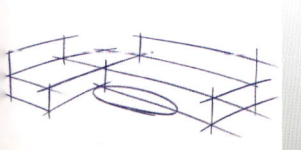

（秒）
0　　10　　20

第5章　イメージ・スケッチ

㉚テーブルの上の食べ物、花などをパステルで描きます。

㉛修正液でハイライト部分を描き入れます。

㉜完成。開口部分の明るさと床の光の映り込みがポイントになります。またスケッチの奥行き感を出すためには左側の壁にダークグレーを塗ることによってより明るさが強調され、スケッチに味と深みが出ます。

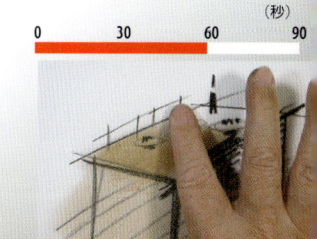

花のある白いキッチンを描く

視点を高くとってキッチンのカウンターやダイニングのテーブルの表情、テラスの花々の雰囲気を伝えることに努めました。

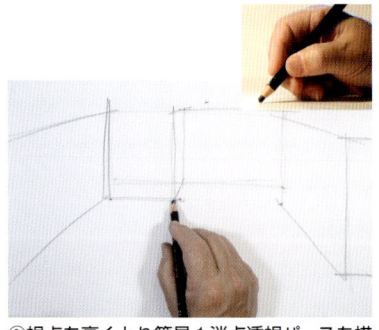

①視点を高くとり簡易1消点透視パースを描いていきます。

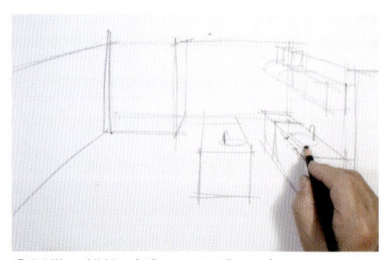

②紙巻き鉛筆（ダーマトグラフ）でキッチンを描きます。

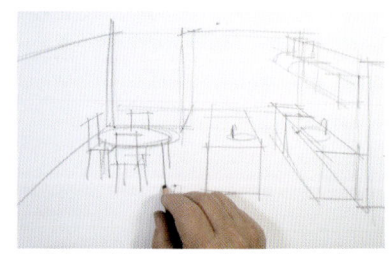

③ダイニングテーブルと椅子を描きます。

④屋外の樹木はフリーな感じで描きます。

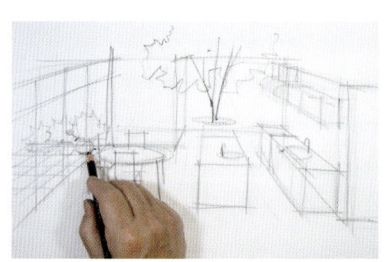

⑤テラスの鉢植えの花などもバランスを見ながら描き込みます。鉢植えの花は後で着彩するのであまり細部は描き込まないこと。

⑥床の板張りを描き入れます。出来るだけスピーディに。

⑦水栓金具やテーブルの上の食べ物などを描き入れて下絵が完成。

⑧パステルで床部分を下絵の線からはみ出し加減におおらかに塗っていきます。パステルの粉が出ないようにあまり強く塗らないこと。

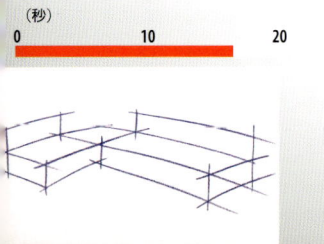

第5章 イメージ・スケッチ

⑨ティッシュペーパーでムラなくならします。

⑩練り消しゴムで掃き出し窓の光の映り込みを表現（パステルで塗った床を練り消しゴムで消していきます）。

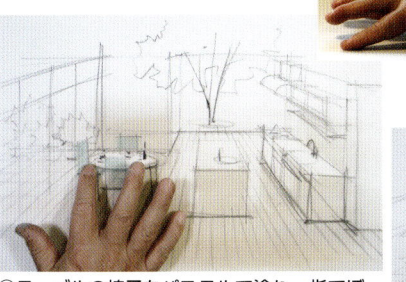

⑪テーブルの椅子をパステルで塗り、指でぼかします。

⑫キッチンのシンクにパステルで着彩（ライトグリーン）。

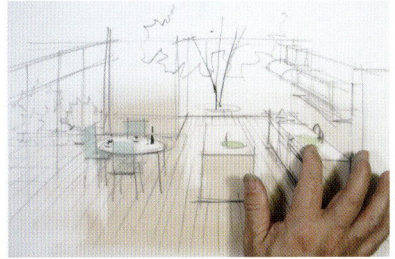

⑬指でパステルをならします。

⑭テーブルの上の食べ物をパステルで塗ります。

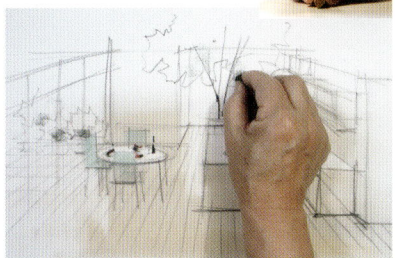

⑮樹木をパステルで着彩（バランス上、樹木全体を塗らないこと）。

⑯テラスの鉢植えの花をパステルで着彩。指でぼかします。

⑰逆光で描いたスケッチなのでキッチンや椅子に陰が出来ます。ダークグレーで着彩。

0　30　60　90（秒）

⑱パステルで塗った影を指でならします。

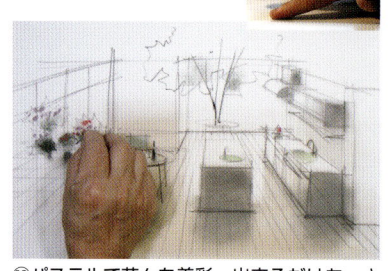

⑲パステルで花々を着彩。出来るだけあっさりと仕上げます。

⑳全体のバランスを見て、このままだとスケッチに締まりがないので紙巻き鉛筆(ダーマトグラフ)でキッチンのサイドやベースの部分などを強調します。

(秒)
0   10   20

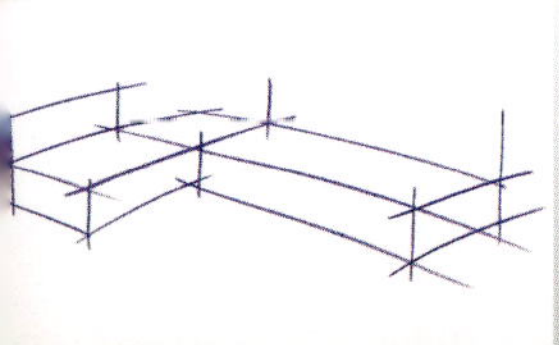

第5章 イメージ・スケッチ

㉑全体の仕上がり状態を見ると多少キッチンに色気が不足していたのでパステルで直に小物などをカラフルに描き込みます。

㉒修正液で光っている部分を描きます。

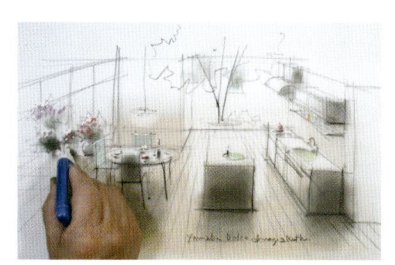

㉓花に修正液でアクセントをつけると花全体が元気になります。あまり修正液を多用しないこと。

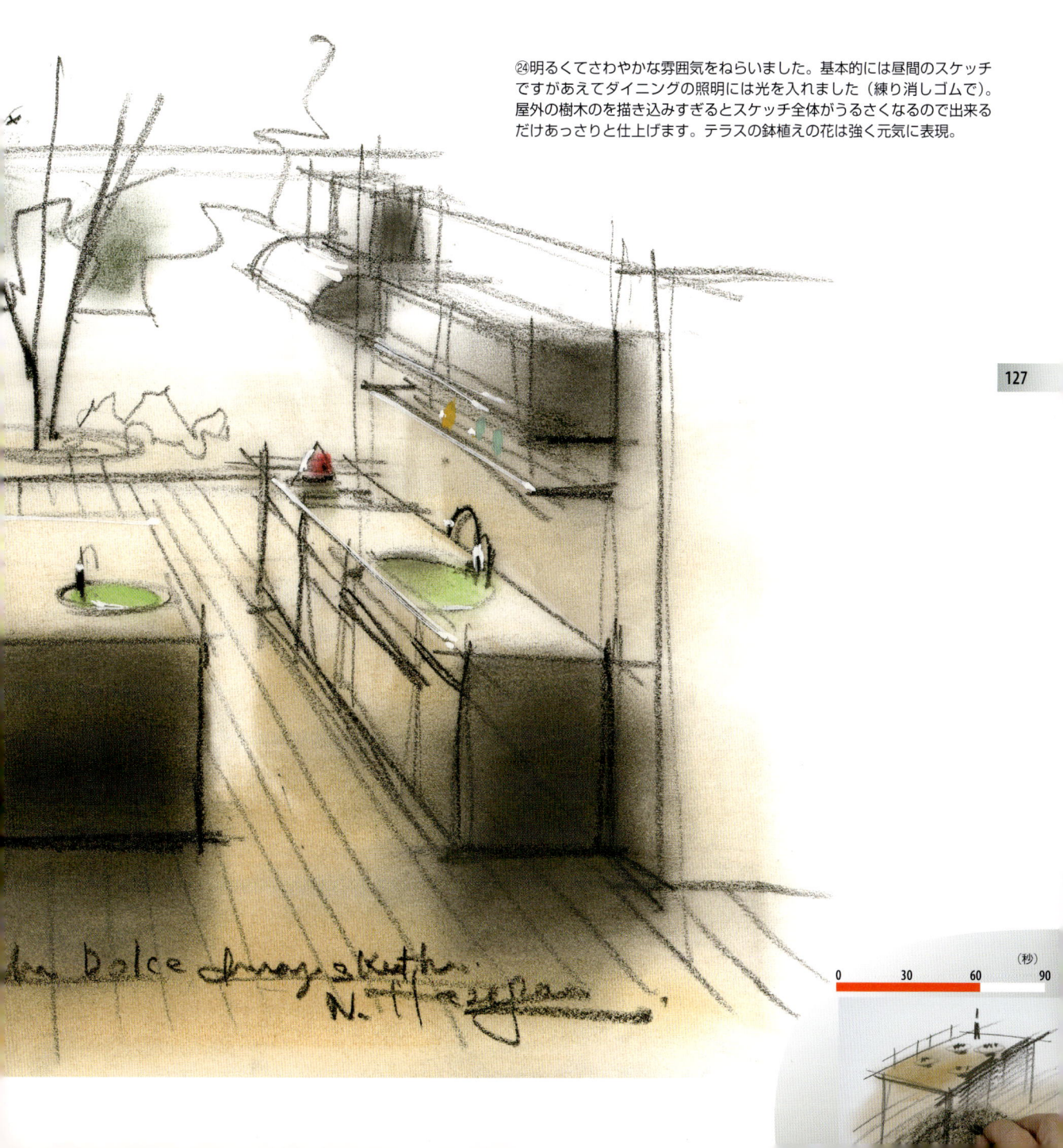

㉔明るくてさわやかな雰囲気をねらいました。基本的には昼間のスケッチですがあえてダイニングの照明には光を入れました（練り消しゴムで）。屋外の樹木のを描き込みすぎるとスケッチ全体がうるさくなるので出来るだけあっさりと仕上げます。テラスの鉢植えの花は強く元気に表現。

臙脂色のキッチン空間を描く

キッチン、ダイニング、リビングの開放感を伝えるために出来るだけ空間を整理して描きます。ここではキッチンの横にある冷蔵庫や収納を省いて描きました。

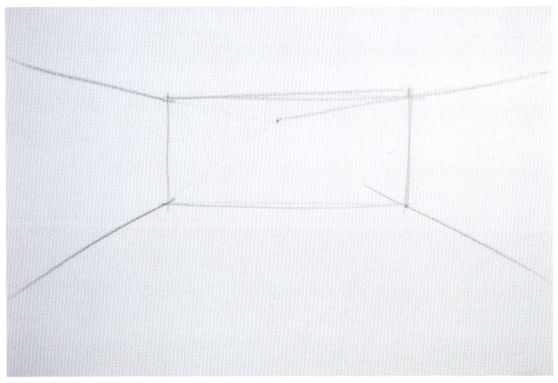

①平面図を元に簡易1消点透視パースの下地を描きます。

②紙巻き鉛筆（ダーマトグラフ）でキッチン部分をバランスを取りながら描いていきます。

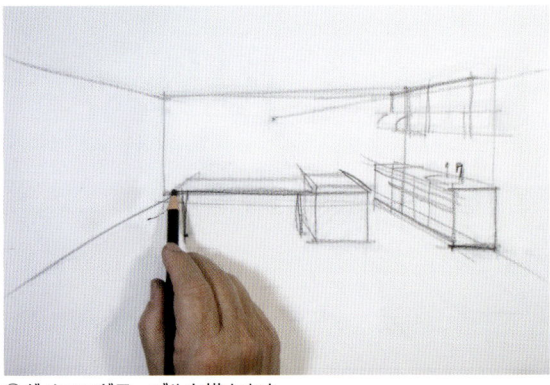

③ダイニングテーブルを描きます。

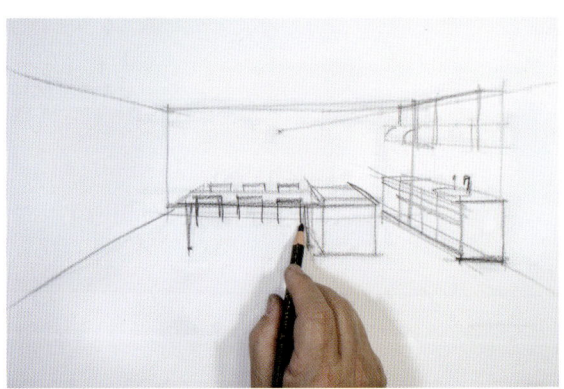

④椅子を描きます。

⑤軽いタッチで屋外の樹木を描きます。複雑に描き込まないこと。

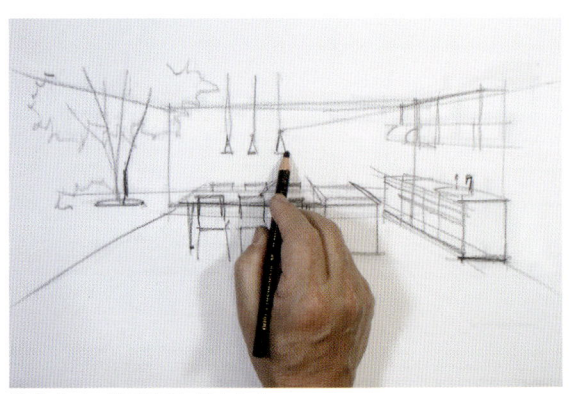

⑥ダイニングの照明を描きます。

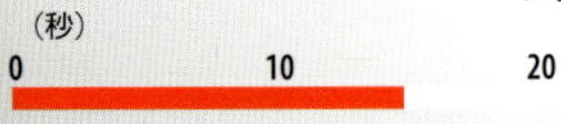

(秒) 0 10 20

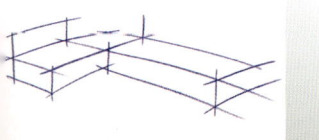

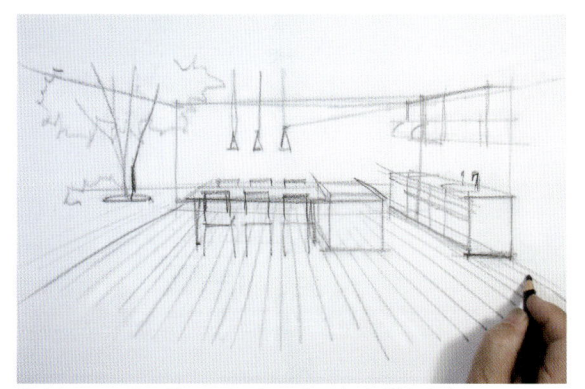

第5章　イメージ・スケッチ

⑦床のフローリングのラインをスピーディに描きます。

⑧キッチンのサイドの壁を描きます。

⑨全体のバランスを見ながらキッチンのカウンターの上に果物などを追加します。

⑩リビングの手前にソファを大胆に描きます。

⑪床全体をパステルで粉が出ないように塗ります。

⑫ティッシュペーパーで床全体を滑らかにぼかします。

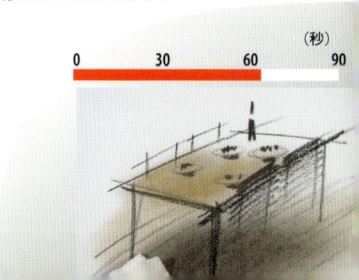

0　30　60　90　(秒)

⑬パステルで塗った床を練り消しゴムで消して開口部の映り込みを表現します。

⑭パステルでキッチンを塗ります。

⑮イメージ通りの臙脂色を出すために赤いパステルで調色します。

⑯パステルで塗った所を指でぼかします。

⑰手前のソファをパステル（ライトブルー）で塗ります。

⑱パステルで塗った部分を指でぼかします。

（秒）
0　　　10　　　20

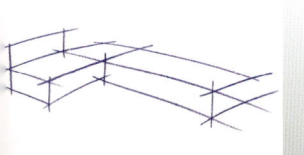

第5章　イメージ・スケッチ

⑲パステルでダイニングの椅子を塗ります。

⑳キッチンのサイドが逆光で影が出来るのでパステルの黒で塗り指でならします。

㉑ソファの肘掛けの陰になる部分をパステルのダークグレーで着色し指でぼかします。

㉒ソファに置いてあるクッションにライトブルーをもう1度重ねてフカフカ感を表現します。

㉓テーブルの上の食べ物などをパステルを直に持って着彩します。

㉔練り消しゴムでアイランドキッチンとダイニングテーブルの間を消して光の映り込みを入れます。

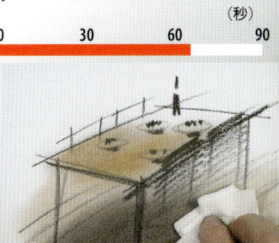

(秒)
0　30　60　90

㉕ダイニングテーブルのテーブルトップを引き締めたいので紙巻き鉛筆（ダーマトグラフ）で強調します。

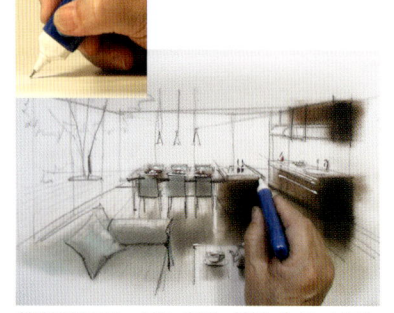

㉖修正液でキッチンの取っ手やポイントになるアクセントを入れていきます。

㉗ほぼ完成。

㉘完成したスケッチを再点検し色鉛筆の白でキッチンの扉割りを追加で描き入れます。

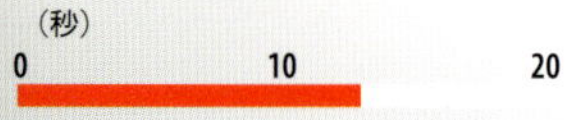

（秒）
0　10　20

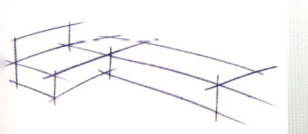

第5章 イメージ・スケッチ

㉙完成。外の明るい所と室内の影になるところのメリハリをしっかりつけます。

螺旋階段のあるキッチンを描く

螺旋階段のある明るい右側の空間とキッチンのある落ち着いた左側の空間とをうまく融合させて見せるには、左側の柔らかなグレートーンの表現がポイントになります。ティッシュペーパーで滑らかに仕上げます。

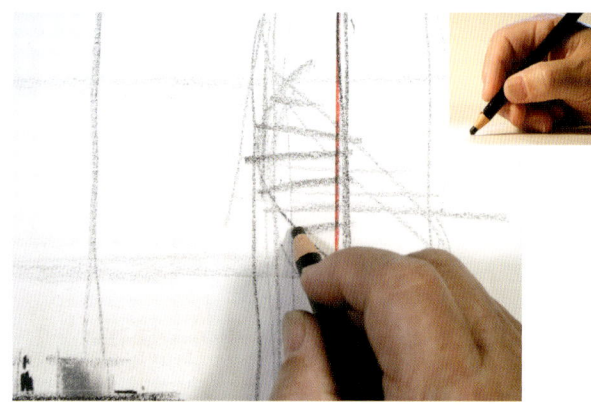

①螺旋階段を紙巻き鉛筆（ダーマトグラフ）で滑らかに描きます。

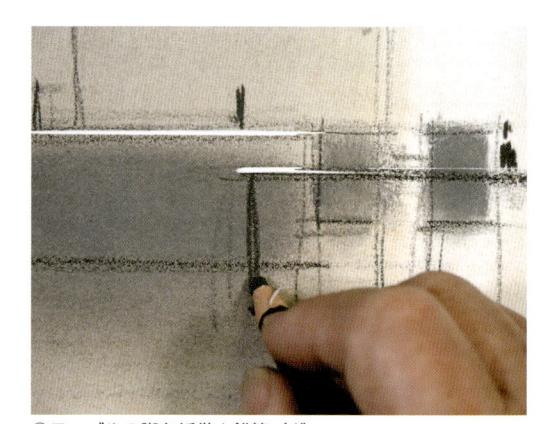

②テーブルの脚を紙巻き鉛筆（ダーマトグラフ）で強調して描きます。

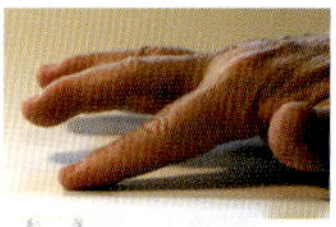

③パステルで描いた椅子の背は指でぼかします。

④開口部の光は練り消しゴムで抜いていきます。

⑤テーブルと椅子の影はパステルのグレーで塗った後ティッシュペーパーを小さく折りたたみぼかします。

⑥ティッシュペーパーでキッチンの背面のダークグレーの所を滑らかにぼかします。

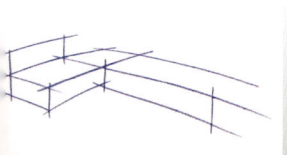

第5章 イメージ・スケッチ

⑦修正液でキッチンのカウンターのトップを光らせます。

⑧ティッシュペーパーで壁をむらなくぼかします。

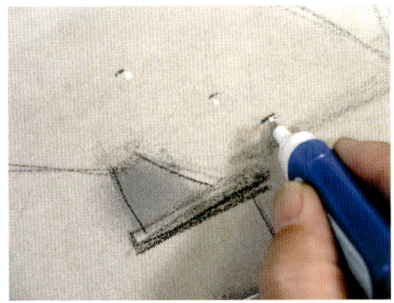

⑨ダウンライトを修正液で描きます。

⑩余分な要素を極力排してシンプルな空間を表現しました。イメージ・スケッチの場合は大まかな全体像が伝われば充分です。

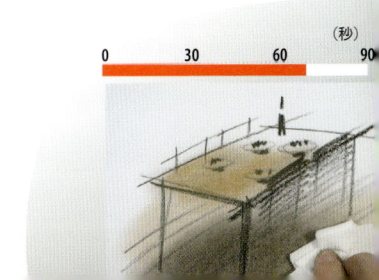

青いソファのある広々とした空間を描く

生活感のないロビーのような広々とした空間を描いてみました。庭にあるテーブルと椅子をシルエットで表現。
はじめに床をパステルで塗ってから画面全体をグレーで塗って、練り消しゴムで開口の明るさを表現します。周りの壁はティッシュペーパーでふき取っていくと柔らかな感じで仕上がります。

①紙巻き鉛筆（ダーマトグラフ）で屋外の樹木を描きます。

②ティッシュペーパーで床に塗ったパステルを均一に伸ばします。

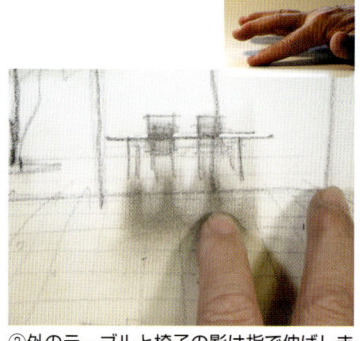

③外のテーブルと椅子の影は指で伸ばします。

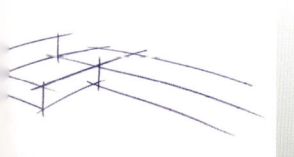

第5章　イメージ・スケッチ

④壁の開口部に近い所をティッシュペーパーでふき取るようにして明るくしていきます。

⑤練り消しゴムで開口部の光の映り込みを描きます（消します）。

⑥練り消しゴムで電気スタンドの光を描きます（パステルを消していきます）。

⑦電気スタンドの支柱やソファの肘掛け部分などに修正液でアクセントを付けます。

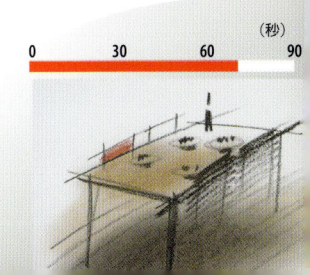

sketch. 2002-12-11
N. Hasegawa

バスルームとデッキチェアを描く

全体はグレートーンですが暗くならないように注意します。外を出来るだけ明るく表現します。浴室の開口部の床の映り込みがポイント。

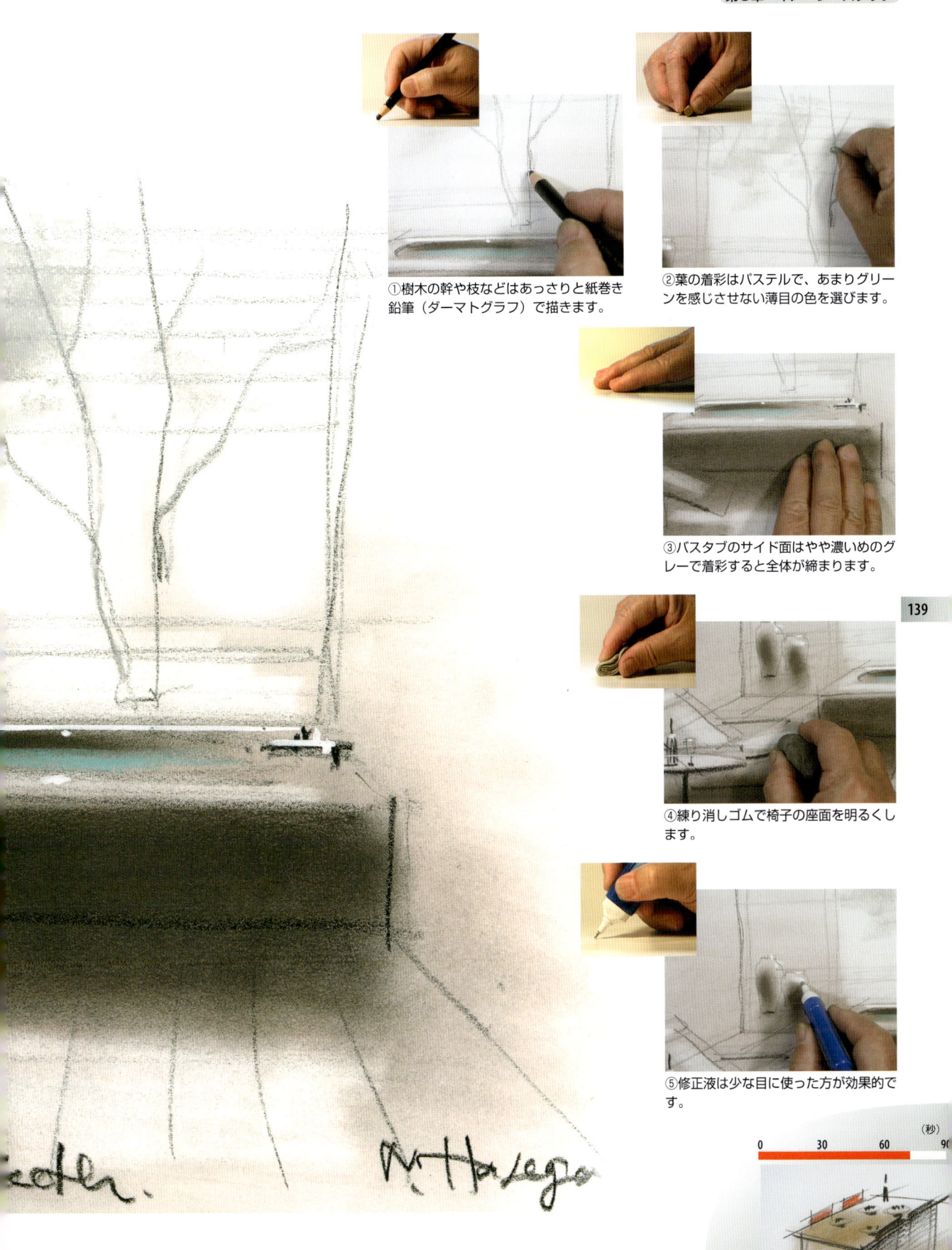

第5章 イメージ・スケッチ

①樹木の幹や枝などはあっさりと紙巻き鉛筆（ダーマトグラフ）で描きます。

②葉の着彩はパステルで、あまりグリーンを感じさせない薄目の色を選びます。

③バスタブのサイド面はやや濃いめのグレーで着彩すると全体が締まります。

④練り消しゴムで椅子の座面を明るくします。

⑤修正液は少な目に使った方が効果的です。

オープンカフェを描く

建物のデザインではなくオープンカフェの開放的で楽しい雰囲気を伝えることにポイントを置き、人物を主体にして表現。

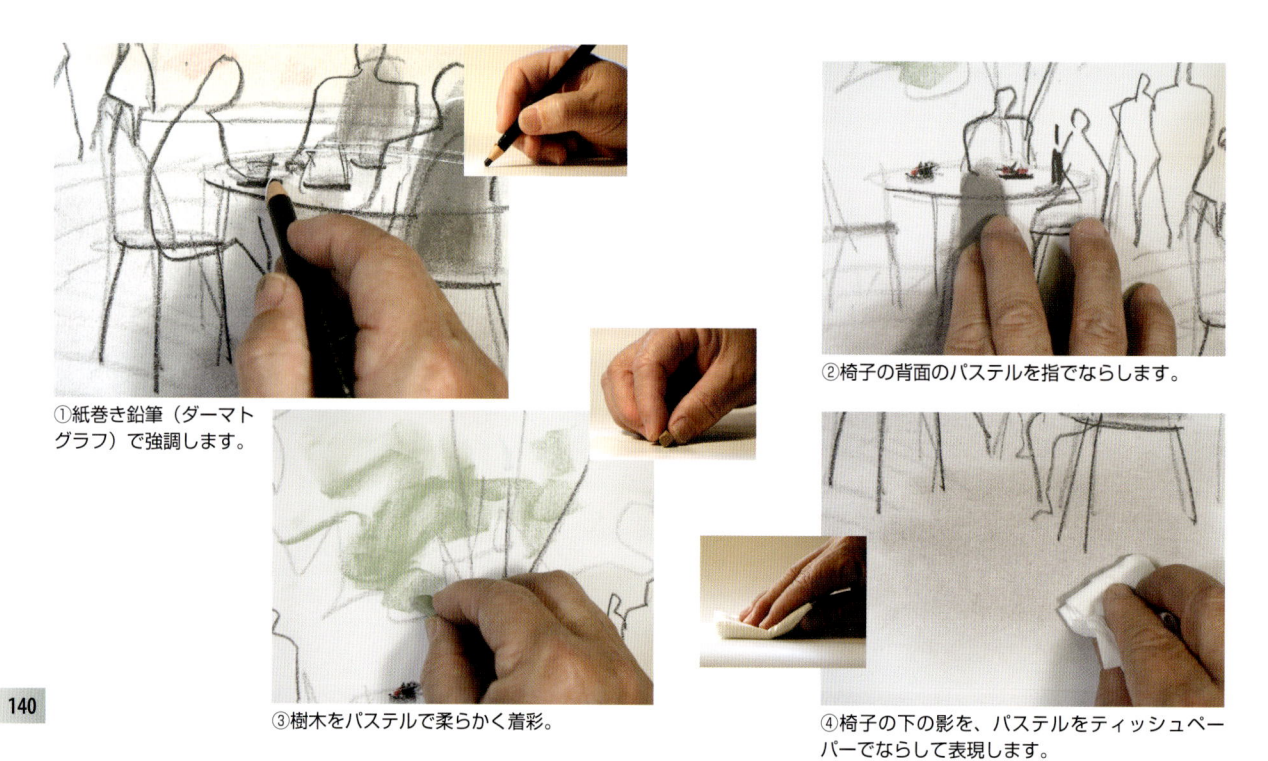

①紙巻き鉛筆（ダーマトグラフ）で強調します。

②椅子の背面のパステルを指でならします。

③樹木をパステルで柔らかく着彩。

④椅子の下の影を、パステルをティッシュペーパーでならして表現します。

吹き抜けのあるレストランを描く

第5章 イメージ・スケッチ

高層ビルにあるレストランのイメージスケッチ。外景のビル群はパステルのグレーであっさりとあまり神経質にならないように描きます。
このレストランで食事を楽しんでいる人々の動きを設備、インテリアの邪魔にならないように輪郭線だけで描きます。空間にメリハリをつけるために大部分はモノトーンでまとめ右側の収納を大胆なブルーで着彩。

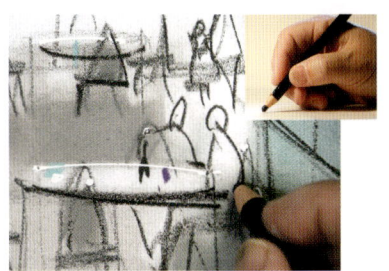

①人物は紙巻き鉛筆（ダーマトグラフ）で大胆にあっさりと。

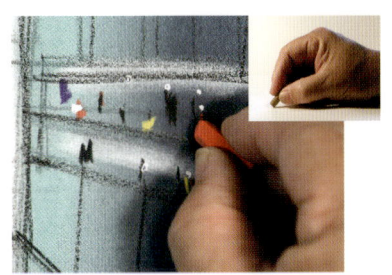

②収納の小物はカラフルにパステルで直に描きます。

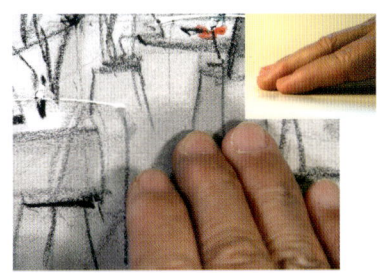

③テーブル下の影はグレーのパステルで塗ってから指でぼかします。

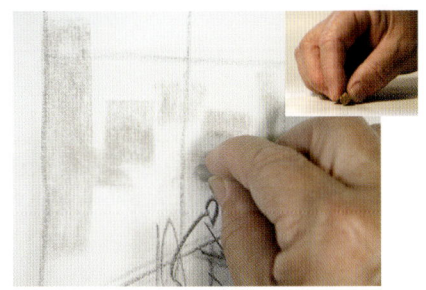

④パステルの側面の稜線を使ってビルを描きます。

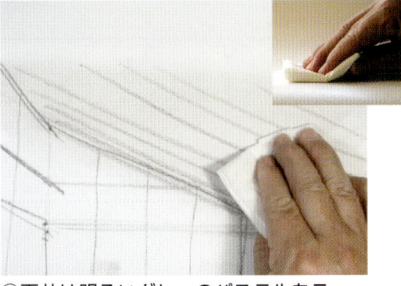

⑤天井は明るいグレーのパステルをティッシュペーパーで均一に。

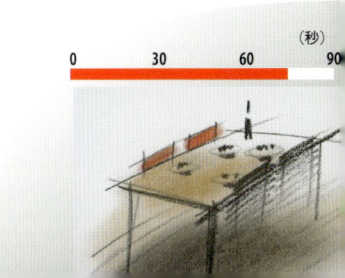

赤いオープンキッチンを描く

この空間は赤いキッチンが主役なので全体的にはモノトーンでまとめ、内部空間や屋外の樹木は出来るだけあっさりと省略して描き、主役のキッチンダイニングを目立たせます。床の映り込みはパステルで着彩した部分を練り消しゴムで消し、ティッシュペーパーで柔らかく描きます。

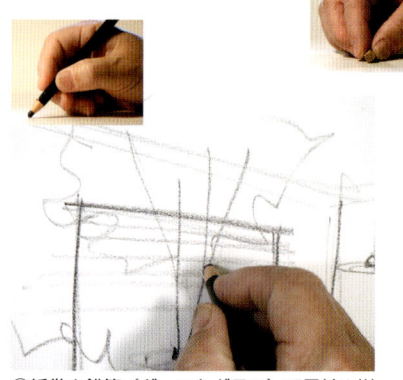

①紙巻き鉛筆（ダーマトグラフ）で屋外の樹木の表現はおおらかに大胆にあっさりと。

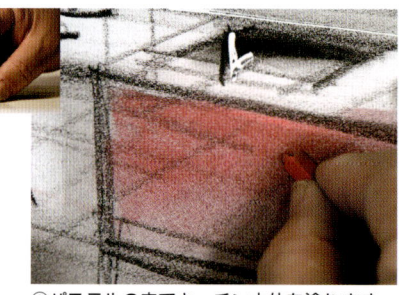

②パステルの赤でキッチン本体を塗ります。

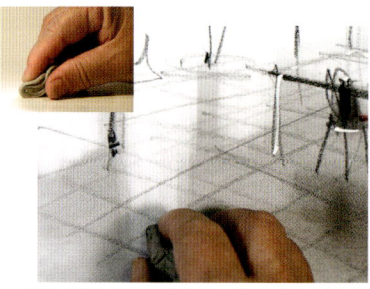

③掃き出し窓の映り込みは練り消しゴムで。

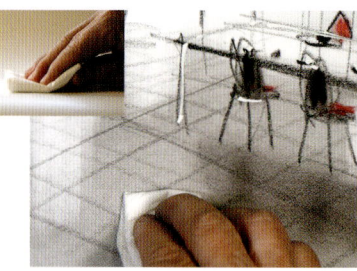

④パステルで描いた床をティッシュペーパーで均一にならします。

⑤水栓金具を修正液で輝かせます。

ガラスブロックのあるダイニングを描く

第5章　イメージ・スケッチ

シンプルなダイニング空間を表現。空間全体を明るいグレーのパステルで塗り練り消しゴムで開口部分を明るく仕上げます。ガラスブロックは紙巻き鉛筆（ダーマトグラフ）でさらっと描き上げます。

①紙巻き鉛筆（ダーマトグラフ）で椅子の背面に影を付けます。

②指で影をならします。

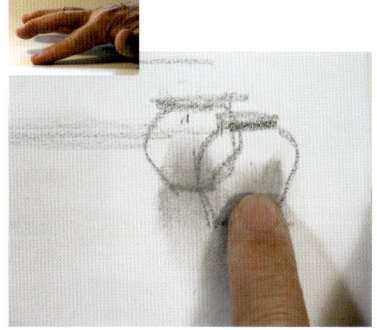

③壺の立体感をつけるために影を指でぼかします。

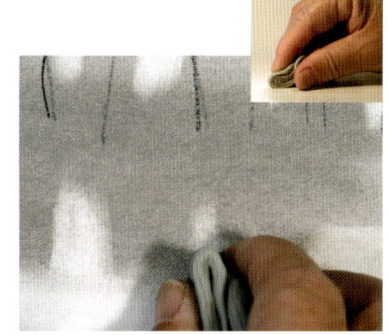

④練り消しゴムで外光の映り込みを表現。

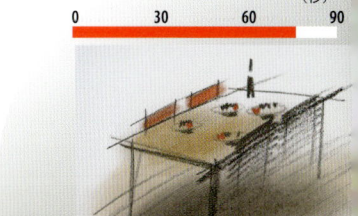

この空間は物足りなさを感じるぐらいシンプルに徹しました。

白いベッドルームを描く

グレーの濃淡で白い空間を表現します。照明の演出がポイントになります。

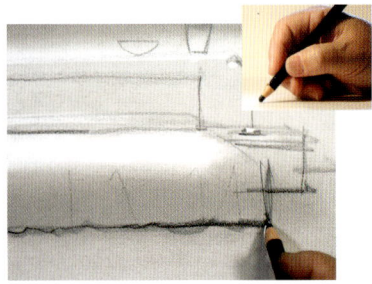

①ベッドの下を紙巻き鉛筆（ダーマトグラフ）で強調します。

②ティッシュペーパーを使って影の部分を均一にならします。

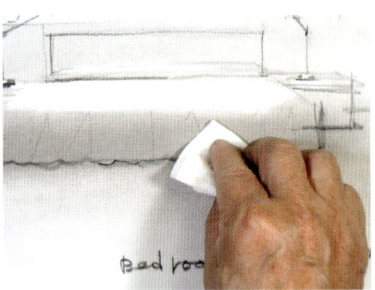

③ティッシュペーパーを使ってベッドの立体感を柔らかく表現します。

④指を使って壺の立体感を表現します。

⑤練り消しゴムでベッドの上を明るく柔らかく表現します。

⑥ティッシュペーパーでベッドの上面と前面の境目を柔らかく表現します。

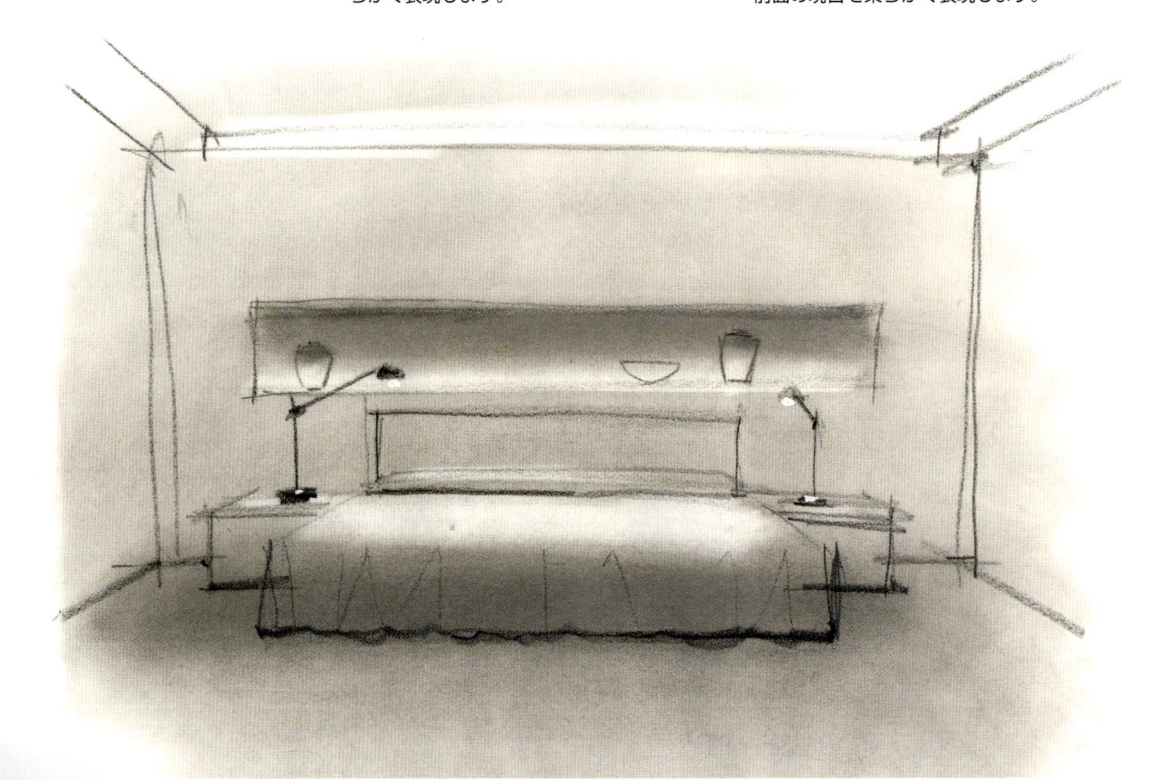

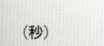

⑦グレーで全体を塗りますが汚れた感じにならないようにムラを作らずに着彩します。

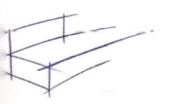

桜が見える玄関を描く

第5章 イメージ・スケッチ

通常はインテリアスケッチの場合、屋外の樹木などは着彩しないケースが多いのですが今回は桜にこだわったので着彩を試みました。

①室内の花の茎は紙巻き鉛筆（ダーマトグラフ）で軽くリズミカルに描きます。

②桜の花はパステルのサイドの稜線を使って描きます。

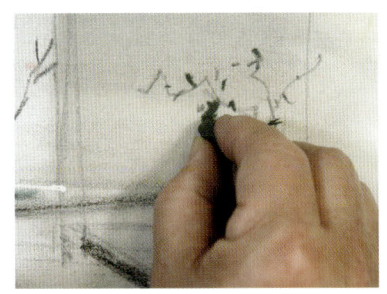

③パステルで葉を着彩。

④壁はパステルで着彩しティッシュペーパーでのばします。

⑤床に映った開口部の光は練り消しゴムで抜いて表現します。

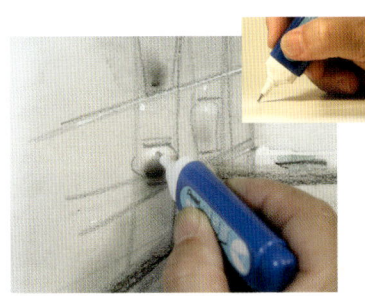

⑥壺の光っている部分を修正液で。

Entrance Image sketch

⑦桜を主役にした玄関ホールは自然に目が桜にそそがれるように1消点透視の消点が桜の木に集まるように設定。

電気スタンドのある空間を描く

ティッシュペーパーの柔らかな使い方がポイントになります。

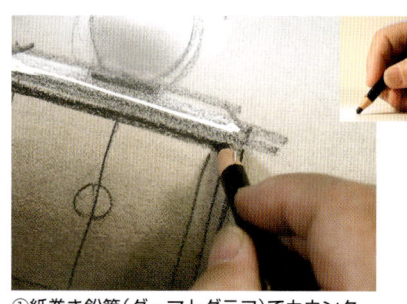

①紙巻き鉛筆（ダーマトグラフ）でカウンターの影を強調します。

②ティッシュペーパーで壁を均一にぼかします。

③練り消しゴムでスリット窓を明るくします。

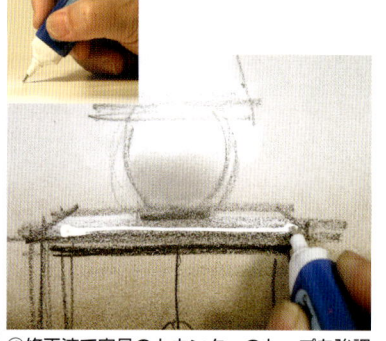

④修正液で家具のカウンターのトップを強調します。

⑤ティッシュペーパーで電気スタンドの明かりを滑らかにぼかします。

⑥スケッチ全体をシンプルですっきりした空間に仕上げたかったので着彩は壁と一緒に家具を塗り込みます。あとは練り消しゴムで光を表現します。

黒い座卓のある空間を描く

第5章　イメージ・スケッチ

シンプルで品のある空間の表現が狙いです。外景は出来るだけ省略し室内も極力色を抑えモノトーンに近いまとめ方を試みました。床の光の映り込みによって床の黒が重たくならずに済みました。

① パステルの黒で座卓の陰影をつけます。

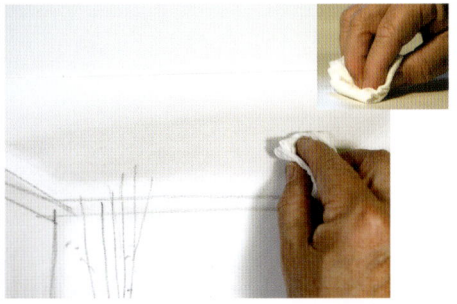

② 天井はパステルのグレーで塗った所をティッシュペーパーでムラが出来ないように伸ばします。

③ 練り消しゴムで天井の間接照明を表現します。（天井に塗ったパステルのグレーを消していきます。）

④ 修正液で座卓の上の料理にハイライトを入れます。

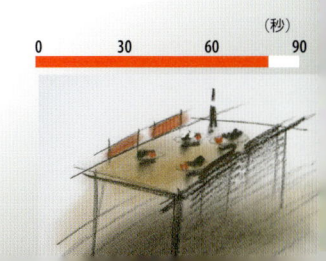

プールサイドのレストランを描く

水の映り込みの表現がポイントになります。プールに映り込んだ景色はできるだけおおらかにゆったりと表現します。

①椅子の背面を紙巻き鉛筆（ダーマトグラフ）で描きます。

②樹木のグリーンはパステルでシンプルに。

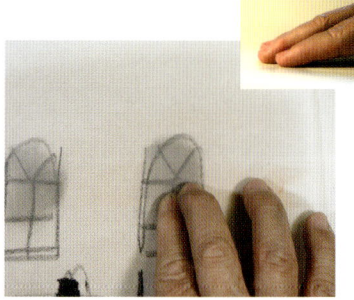

③窓部分はパステルを指でのばします。

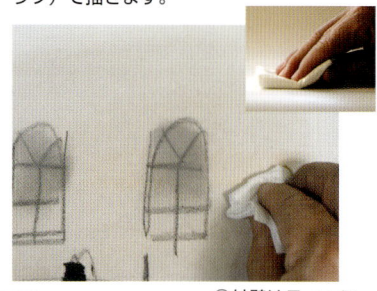

④外壁はティッシュペーパーで均一に。

⑤練り消しゴムでテーブルトップを明るく。

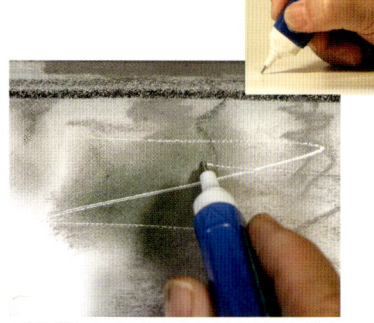

⑥修正液でプールの水の光の部分を描きます（描き込み過ぎないように注意します）。

第6章
パソコン活用法

　この章ではパソコンを使ってスケッチを描くテクニックについて解説していきます。スケッチブックをノートパソコンに持ち替え、絵筆や鉛筆をペンタブレットに持ち替えて描くスケッチテクニックです。多少の練習は必要ですが慣れればスケッチブックなどに描く従来のスケッチとほとんど変わらずに描くことが出来ます。習得すれば大きなモニターに映し出して検討することも出来ますし、描いたスケッチをプリントアウトすることも容易です。

ペンタブレットは万能筆記具！

ディスプレーを見ながらペンタブレットはWACOM Intuos 3（Graphics Tablet Model：PTZ-630）を使って直にスケッチしていきます。パソコンはAppleのPower Mac G4とPowerBook G4 12インチを使い分けながら使用。ソフトはPainter。パソコンに慣れると言うよりはペンタブレット（WACOM Intuos 3）に慣れることがポイントになります。基本的には鉛筆や絵筆と同じ感覚で対応していきます。

ペンタブレットはWACOM Intuos 3（Graphics Tablet Model：PTZ-630）。

ソフトはPainter。斜めの線をはみ出しながら高速で描くことにより鉛筆で描いたような味を出してみました。

手前の壁などを省略すると見やすい絵になります。水彩スケッチ風に仕上げました。床はキッチンやソファの影だけで表現。

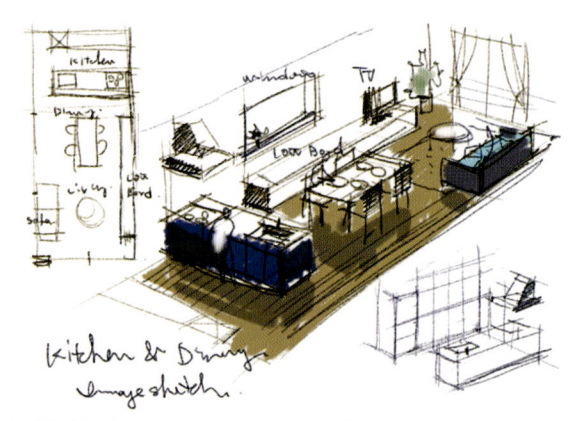

画面の空いているスペースに図面などを描き入れるケースが多いため壁などは着彩しないほうがすっきり仕上がります。

パソコンを使用しても手描きの味わいを表現するためにキッチン・ダイニング空間をメリハリをつけながらスケッチ。

インテリアだけでなくバルコニーのイメージもかすかに匂わせながら描きます。

第6章 コンピュータで描く

151

全体的にくどくならないように着彩は最小限にとどめます。

階段や吹き抜けは描くのが難しいとされていますが、空間全体を大まかに描けば階段を中心にした生活の雰囲気は伝わってきます。

左側の壁をグレーのグラデーションで塗ることにより階段、吹き抜けの奥行き感を表現します。

ペンの持ち方。

外景は強く着彩せずにさりげなく表現します。

パソコンで描くDKの基本形

パソコン（ペンタブレット）で描くスケッチのプロセスについて解説。
ペンタブレットは WACOM Intuos 3 を使用。

鉛筆と同じ感覚で描いていきます。

①斜めに線を引きます。スピーディに。

②左上から右下に線を勢いよく引きます。

③床の外形線ができあがりました。各線をオーバーランぎみに描くと手描きの味が出ます。

④目分量で4分割します。線は薄目に。

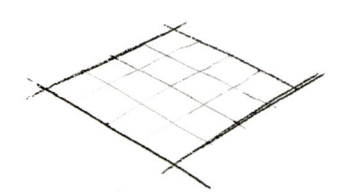

⑤キッチンなどの配置がしやすいようにさらに16分割します。

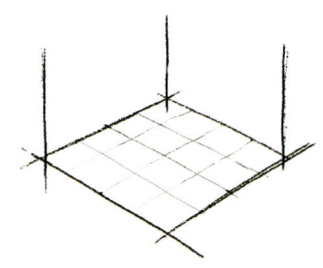

⑥柱を立てます。線は長めに。

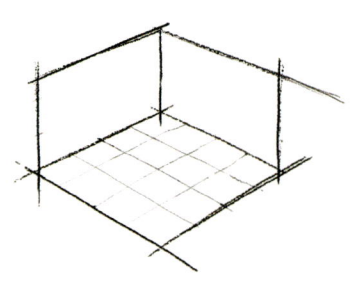

⑦壁をつけます。

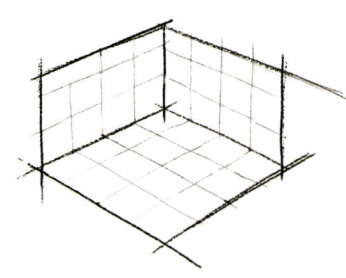

⑧壁に升目を描いていきます（下から900㎜、900㎜プラス600㎜ピッチで）。

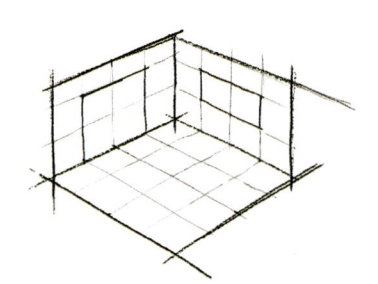

⑨掃き出し窓と腰高窓を入れます。

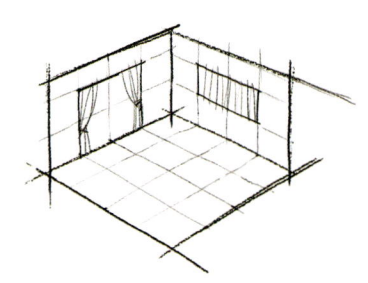

⑩窓にカーテンを描き入れます。

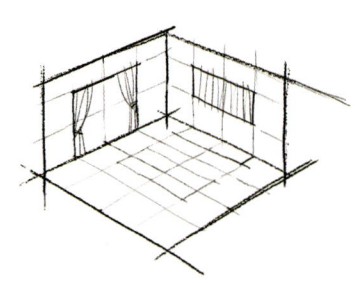

⑪家具の平面図を描き入れます。

(秒)
0　　　10　　　20

第6章　コンピュータで描く

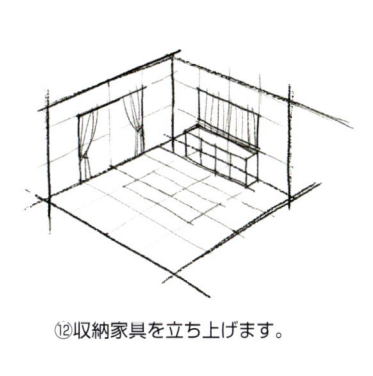

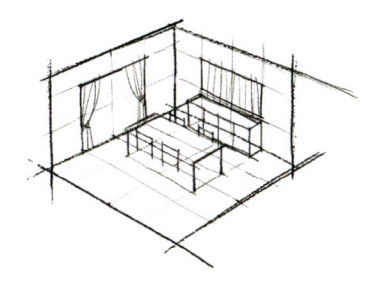

⑫収納家具を立ち上げます。

⑬テーブルと椅子を立ち上げます。

⑭キッチンを描くために右方向にスペースを広げます。

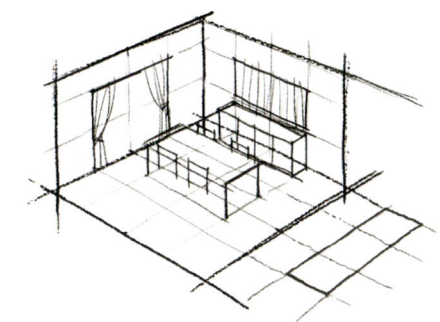

⑮キッチンの平面図を描きます。

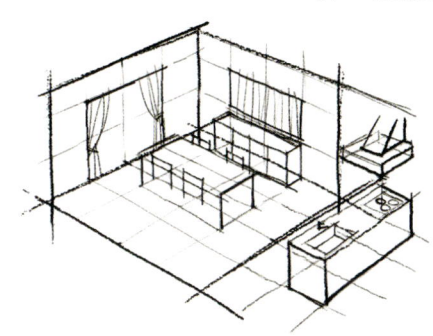

⑯キッチンとフードを描きます。

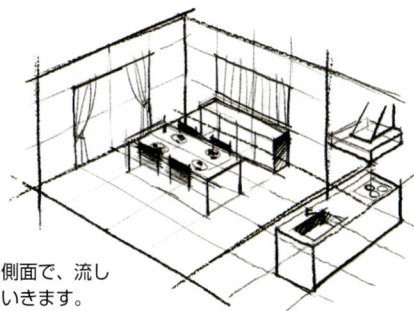

⑰収納家具の側面で、流しの陰を描いていきます。

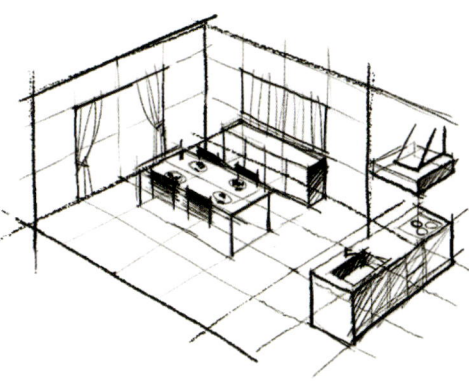

⑱キッチンの扉割りが見える程度に陰を描き入れます。

⑲床に窓やテーブルやキッチンの映り込みを入れます。キッチンや家具に着彩して完成。あまり色をたくさん付けすぎないようにすることが仕上がりを良く見せるポイントです。

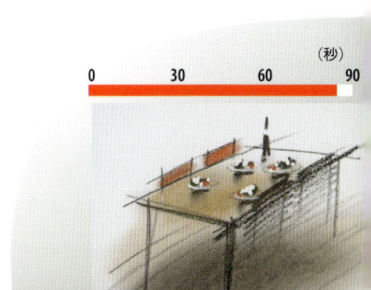

0　30　60　90　(秒)

実戦！パソコンで描くDK

簡易1消点透視パースをパソコンで描いてみます。ペンタブレット（WACOM）を使い、紙の上で描く方法と同様に描いていきます。

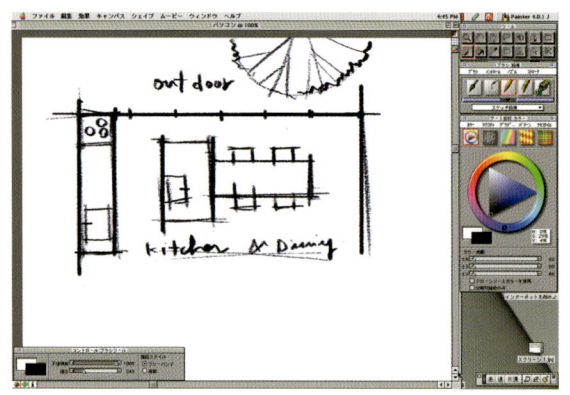

①ペンタブレットを使ってDKの図面を描きます。ソフトはPainterを使用。Apple PowerBookのディスクトップ画面。

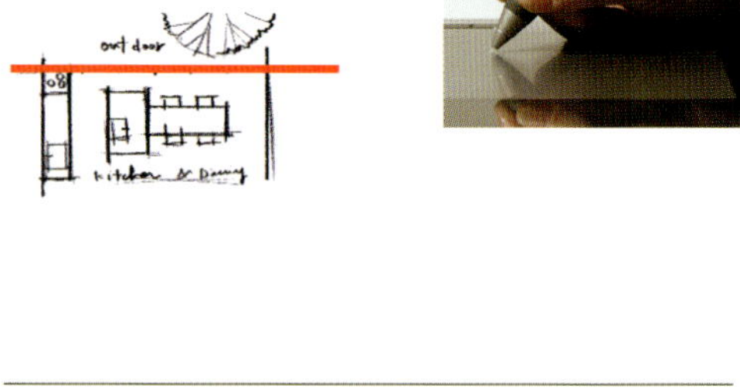

②平面図を参考にスケッチを描くための水平線（平面図の赤部分）を描きます。
水平線は手描きでも良いのですが、定規を使って描くかパソコンで自動で直線が描けるツールを選びます。

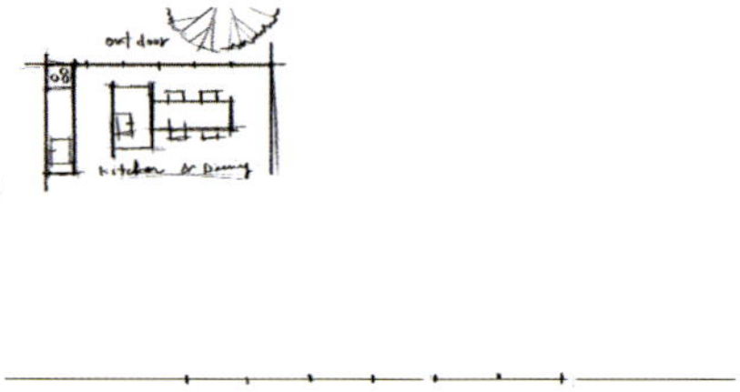

③水平線を900mmピッチで仕切っていきます。

④柱（平面図の赤部分）を立てます。

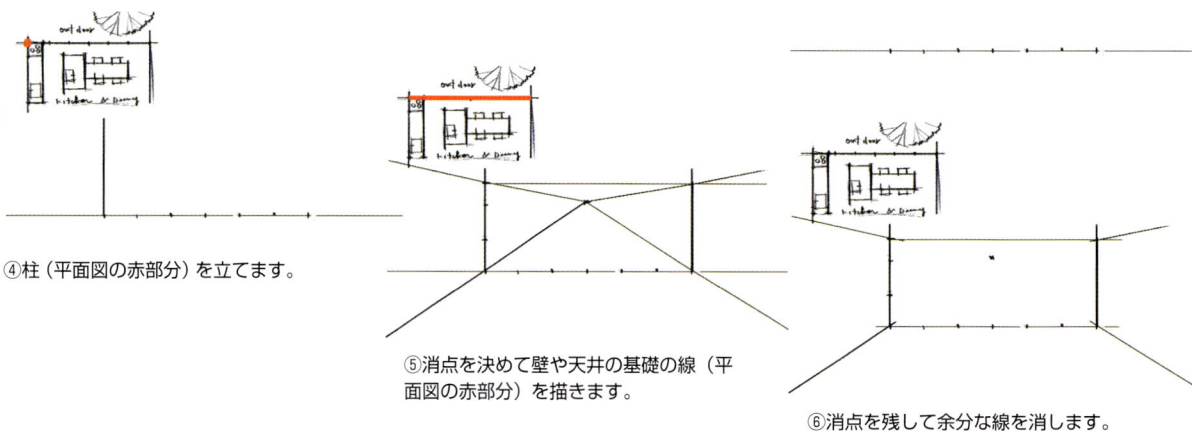

⑤消点を決めて壁や天井の基礎の線（平面図の赤部分）を描きます。

⑥消点を残して余分な線を消します。

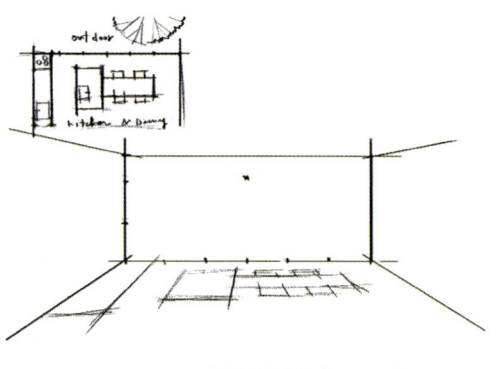

⑦平面図を参考にして床にキッチンやダイニングの位置を描きます。

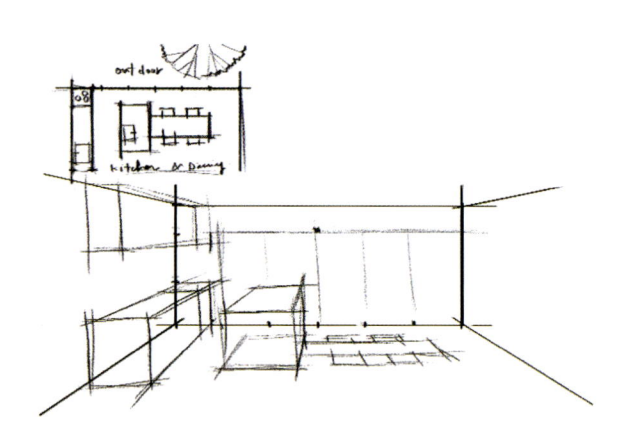

⑧キッチンを立ち上げていきます。

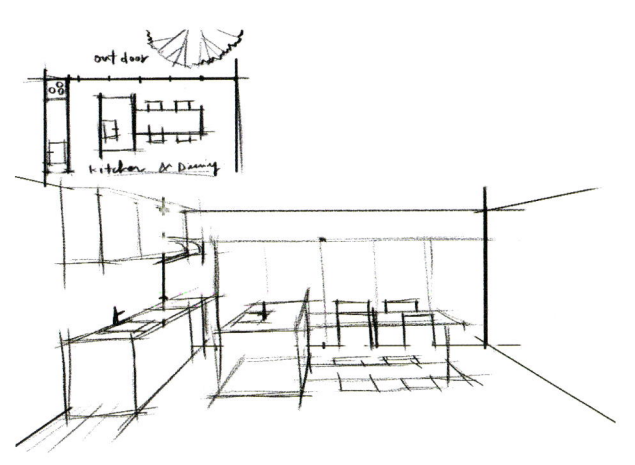

第6章　コンピュータで描く

⑨ダイニング部分を立ち上げ、キッチンのシンクを描き込みます。

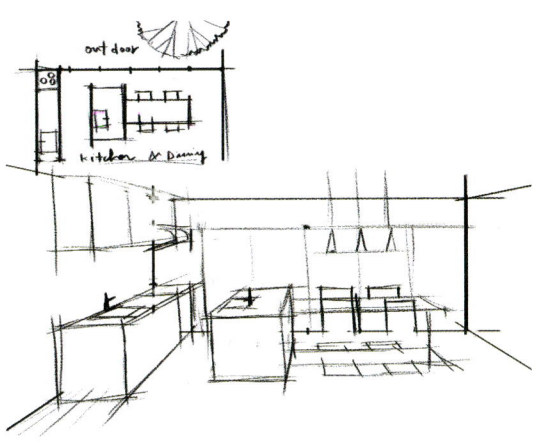

⑩ダイニングテーブルの上に照明器具を入れます。

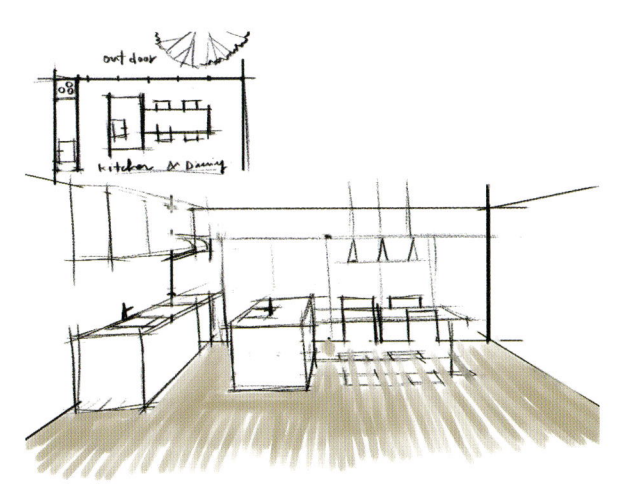

⑪床を着彩します。

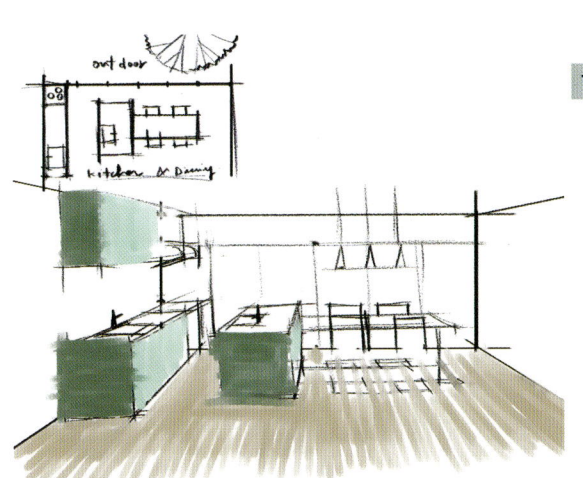

⑫キッチンを着彩します。多少輪郭からはみ出し気味に描きます。

⑬テーブルを着彩。

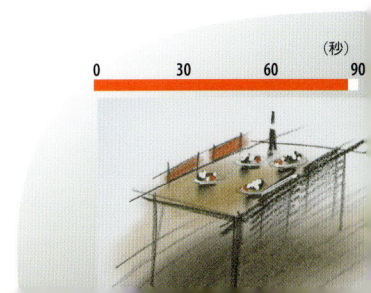

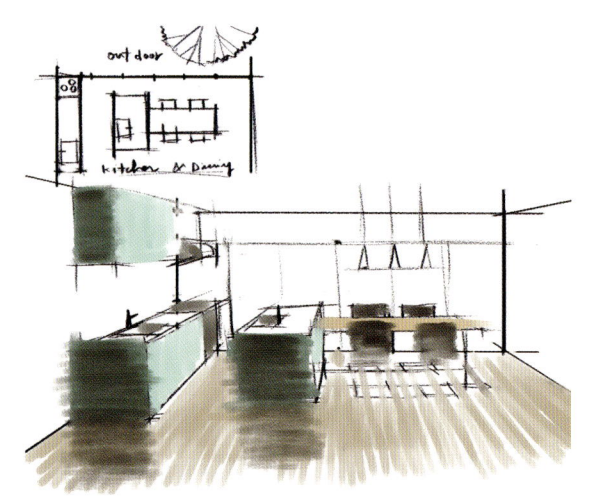

⑭床にキッチンの影を描きます。はみ出し気味に描くと手描きの味が出ます。

⑮床にダイニングテーブルと椅子の影を描きます。

⑯床に掃き出し窓の光の映り込みを白で入れていきます。

⑰キッチンの扉割りやテーブルの上の料理などを入れていきます。

⑱床のラインを定規を使わずにフリーで描いていきます。

⑲庭にある木を描きます。平面図に描かれている木の位置よりも右に移動させて描きました（ダイニングテーブルと重なったために移動）。

第6章 コンピュータで描く

⑳キッチンの取っ手や椅子や料理に白でポイントを入れます。

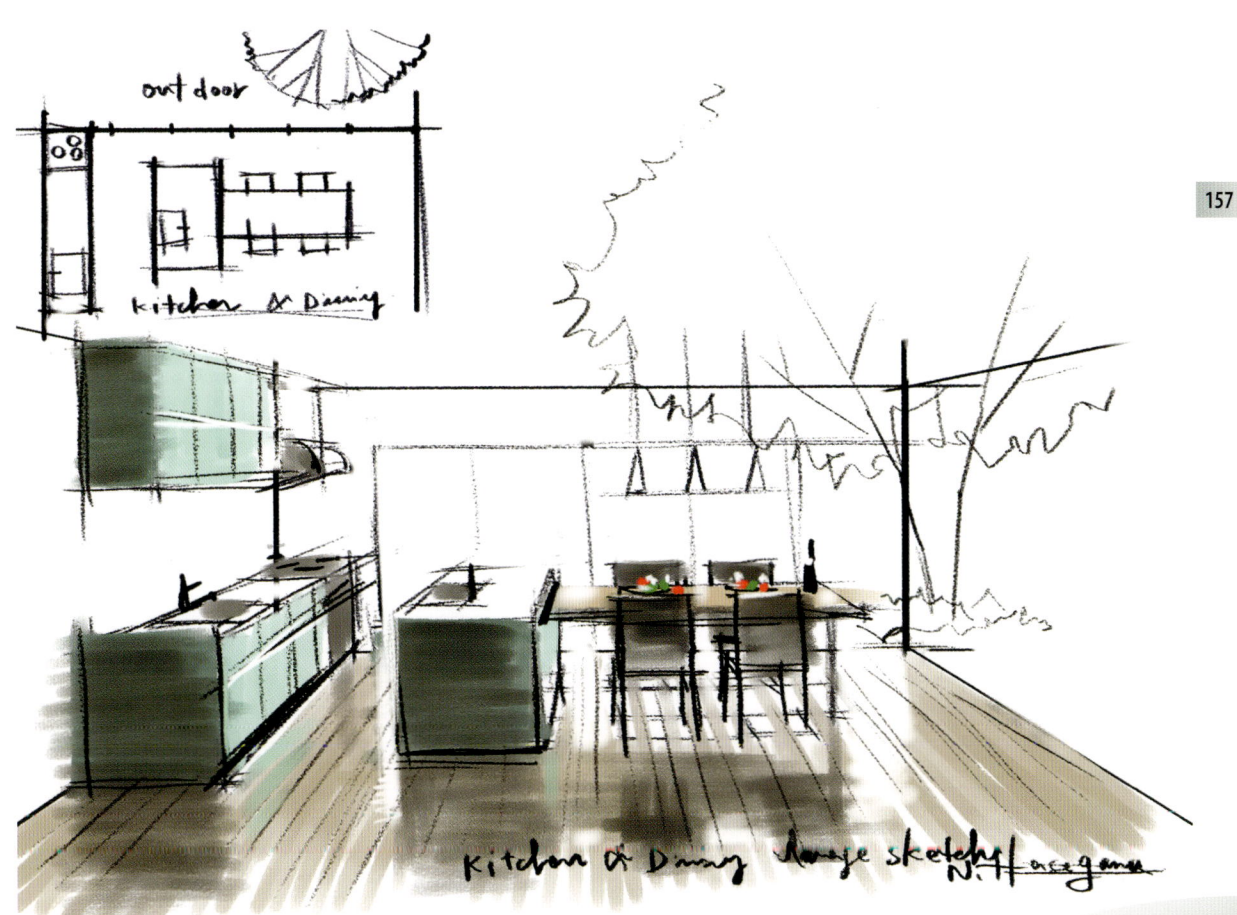

㉑完成。使用ソフトによって多少着彩などのツールが異なりますが、
手描きの味を表現できるもので描くと良いでしょう。

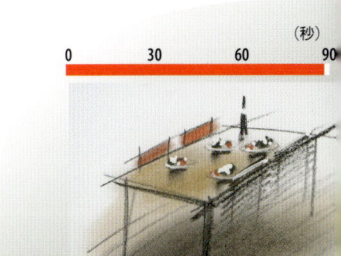

あとがき

ここ数年「住まい」に関心が高まり、「住まい」に関する情報量の多さ質の高さは目を見張るものがあります。また以前にもまして建て主の「こだわり」が強くなってきており、建て主が納得し満足した「住まい」を手に入れるための、事前の建て主と我々（インテリア・コーディネータ）との会話の重要性については以前から言い続けてきたつもりです。建て主にわかりやすいスケッチによる会話を具体的にまとめて10年前「インテリア・スケッチトーク」（グラフィック社）を発刊しました。

現在に至るその間、世の中の変化にはおどろかされます。特にITの進化はご存知のとおり、便利になる一方で、人と人との顔をつきあわせたテレビ電話が現実のものとなったり、コミュニケーションのあり方も大きく変化してきました。確かに、FAXやメールやテレビ電話で済むこともありますが、私自身が最近特に感じていることは「ディスプレー」「モニター」などの画像の世界が進めば進むほど、一方で「ライブ感」いわゆる「生」の良さ、すごさを実感します。今ではライブ感を伝えるためにCDやDVDにして紹介するやり方もありますがこれにしても「ディスプレー」「モニター」を通してのことで、いくら「ライブ」で描いているところを撮影してもやはり直に目にする体験とはまったく違います。本というひとつのメディアの限界はありますが、今回すこしでも「ライブ感」に近づけたいと「早描きアニメ」を入れたのも、その「生の良さ」を少しでも表現出来ればという思いでの試みでした。

またテクニックを絵の中だけで説明してもこれも限界があります。「インテリア・スケッチトーク」の読者のある方から実際に本から学んだ感想を聞く機会がありました。それはある場所で私がパースの実技研修をやっていた時のこと。研修の終了後、私の所へ来て「僕は長谷川さんの本がすごく仕事で役に立っています」といきなり本に対する賛辞から始まり「この本はスケッチのプロセスがしっかり描かれているので参考になりました」「本だと自分のペースで勉強できるのがいい」とボロボロになった「インテリア・スケッチトーク」を見せながら話してくれました。そして最後に一言「いくら本がボロボロになるまで勉強しても長い間わからなかったことが、さっき目の前で長谷川さんが描いているのを見ていっぺんでわかった」。実はこの最後の一言。いくら本を読んでもやっぱり「生」にはかなわないということです。これは私にとって今回の「インテリア・スケッチSuperトーク」を出版する大きな動機付けになりました。何とか本で「生」の良さに近づくことができないか、これがテーマであり課題になりました。それで今回いろいろなスケッチのプロセスの解説の中で画材の持ち方、描き方の手や指をクローズアップした写真を添えることになったのです。しかしここまでやってもすべてを伝えることには限界があります。それははじめからわかっていたことでした。原稿を書いているうちになんとか伝えられそうだ、やっぱり駄目だを繰り返し、試行錯誤しているうちにページはどんどん増えてゆき収拾がつかなくなった時期もありました。本の限界と本だから出来ることについて悩みながらやっているうちに、本の良さを出来る限り追求していけばいいのだということに遅蒔きながら気づきました。私にとっての本の良さとは、読者自身のペースで時間を止めたり（ページに集中したり）時間をとばしたり（好きなページに進んだり戻ったり）出来ることです（これは編集の大田さんからの受け売り）。本は大切に扱うということには異論はありません。しかしそれが本棚の中にしっかり収まってしまっている状態は本にとってけっして幸せなことではありません。むしろ手垢で汚れボロボロになるまで読者とつき合ってもらった本が最高に幸せだと思います。

「インテリア・スケッチSuperトーク」を出版するもうひとつの大きな理由（これが一番かもしれません）は私なりにこの10年で進化したということです。自分で言うのも照れくさいのですが10年前よりスケッチが上手くなりました。この10年、今までよりも圧倒的にスケッチを描く機会が増えました。上手くなるには描くしかないと言ったことが実証されました。そして多くの方が「インテリア・スケッチトーク」を使い「ここが良い」「ここが悪い」ということを言ってくださいました。自分では良いと思って書いたことがそれほどでもなかったり、時間の経過とともに見直して考えてみると10年前に書いた「インテリア・スケッチトーク」のいろいろな部分がだんだん気になり始めこの本をリニューアルしたいという気持ちが強くなりました。そのことをグラフィック社の大田さんに相談したところ自分もこの本の編集者として同感ということになり、その時私はリニューアル（一部気になっている箇所の手直し）ぐらいのつもりで話を進めようと考えていたら「長谷川さん、リニューアルでは駄目ですよ。全部新しくしましょう」と大田さんから恐ろしいアドバイス（命令）があって、今回「インテリア・スケッチSuperトーク」出版のスタートをきることになりました。

今回の出版において何に一番戸惑ったかというと、10年前の当時は写真はフィルムで撮影し、本のレイアウトは紙面でチェックできるので出張の移動中でも紙面をいつも傍らに置きながら原稿作りができました。今回はデジタルカメラを使いパソコンで原稿を作りチェックするという作業に変わり、一見便利そうですが私にとっては戸惑いの連続。いったん作ったデジタルデータを紙面にプリントアウトして検討するという手間がどうも余分な作業に感じてしまい、でもやるしかないな、など自分に鞭打ちながら、ようやく原稿作りも後半になってから今回の一連の作業が順調に進み始め、慣れてきた頃にはほぼ完了となりました。

今回も出版にあたってはいろいろな方に助けていただきました。原稿のお手伝いを快く引き受けてくれた鶴崎多美江さん、私の愚痴、わがままを聞きながらおつきあいいただいた編集の大田さんに紙面を借りて熱くお礼を申し上げます。

長谷川矩祥（はせがわのりよし）

1945年：横浜生まれ。
1964年：神奈川工業高校工芸図案課卒。
1964年：日本楽器製造株式会社（現ヤマハ株式会社）入社。
　　　　楽器、スポーツ、家具、ロゴマークなどのデザインを担当。
1987年：住宅設備機器の開発。
1988年：住宅空間デザインを担当。
1992年：ヤマハリビングテック株式会社　住空間デザイン室　室長。
2005年：ヤマハリビングテック株式会社　退社。

現在の主な仕事
空間プランニング。パース制作。プレゼンテーションテクニック講師など。

著書
「インテリア・カラートーク」（グラフィック社）
「インテリア・スケッチトーク」（グラフィック社）
「インテリア・モデリングトーク」（グラフィック社）
「インテリア・デジタルトーク」（グラフィック社）
「インテリア・プランニングトーク」（グラフィック社）

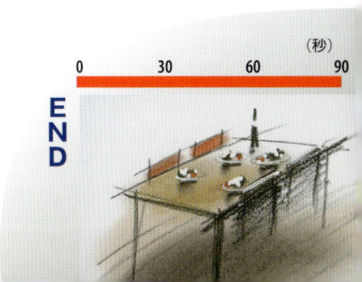

制作スタッフ
企　画…………大田　悟（グラフィック社）
装丁・組版……大貫デザイン事務所（伊藤庸一）

インテリア・スケッチ Super トーク

発　行………2005 年 7 月 25 日　初版第 1 刷発行
　　　　　　 2006 年 7 月 15 日　初版第 2 刷発行
　　　　　　 2007 年 4 月 25 日　初版第 3 刷発行
　　　　　　 2008 年 2 月 15 日　初版第 4 刷発行

著　者………長谷川矩祥©
発行者………久世利郎
発行所………株式会社グラフィック社
　　　　　　 〒102-0073
　　　　　　 東京都千代田区九段北 1-14-17
　　　　　　 Tel.03-3263-4318／Fax.03-3263-5297
　　　　　　 郵便振替：00130-6-114345
　　　　　　 http://www.graphicsha.co.jp

印刷・製本…錦明印刷株式会社

© 2005 本書の内容は、著作権上の保護を受けています。著作権者及び出版社の文書による事前の同意を得ずに、本書の内容の一部、あるいは全部を無断で複写複製、転載することは禁じられています。

本書の内容における電話での質問はお受けできません。

乱丁・落丁はお取り替えいたします。

ISBN978-4-7661-1619-9 C3070